Fátima

Berthaldo Soares
& Kenya Camerotte Soares

FÁTIMA

A biografia da santa que apareceu
para três crianças pobres, mudou o rumo
de guerras, salvou a vida de um papa,
revelou um segredo ainda cercado de
mistérios e conquistou o mundo.

GLOBOLIVROS

Copyright © 2019 Editora Globo S.A. para a presente edição

Copyright © 2019 Berthaldo Soares e Kenya Camerotte Soares

Todos os direitos reservados. Nenhuma parte desta edição pode ser utilizada ou reproduzida — em qualquer meio ou forma, seja mecânico ou eletrônico, fotocópia, gravação etc. — nem apropriada ou estocada em sistema de banco de dados sem a expressa autorização da editora.

Texto fixado conforme as regras do Acordo Ortográfico da Língua Portuguesa (Decreto Legislativo no 54, de 1995).

Todas as citações bíblicas foram retiradas da *Bíblia Sagrada Ave-Maria*, da editora Ave-Maria. Todos os direitos reservados.

Editora-responsável: Amanda Orlando
Assistente editorial: Samuel Lima
Revisão: Julia Barreto e Luciana Figueiredo
Diagramação: Equatorium Design
Capa: Rafael Nobre

1ª edição, 2019
2ª reimpressão, 2024

CIP-BRASIL. CATALOGAÇÃO NA PUBLICAÇÃO
SINDICATO NACIONAL DOS EDITORES DE LIVROS, RJ

S652f

Soares, Berthaldo
Soares, Kenya Camerotte
        Fátima: A biografia da santa que apareceu para três crianças pobres, mudou o rumo de guerras, salvou a vida de um papa, revelou um segredo ainda cercado de mistérios e conquistou o mundo. / Berthaldo Soares, Kenya Camerotte Soares - 1 ed
Rio de Janeiro : Globo Livros 2019

        ISBN 9788525067005

        1. Maria, Virgem, Santa - Aparições e milagres - Portugal - Fátima. 2. Fátima, Nossa senhora de. I. Título.

19-55675
                                CDD: 232.91
                                CDU: 27-312.47

Vanessa Mafra Xavier Salgado - Bibliotecária - CRB-7/6644
08/03/2019 12/03/2019

Direitos exclusivos de edição em língua portuguesa para o Brasil adquiridos por Editora Globo S.A.
Rua Marquês de Pombal, 25 — 20230-240 — Rio de Janeiro — RJ
www.globolivros.com.br

Ao Raphael, à Maria Antonia e à Maria Laura, nossa melhor obra.

Deus queria, Deus podia e Deus a fez imaculada.

— Beato Duns Scotus

Sumário

Introdução: Altar do mundo 13

Voltando no tempo
1. Portugal e sua história com a Igreja 23
2. 1917 em Portugal e no mundo 27
3. Fátima, o local onde tudo aconteceu 33

As aparições do Anjo
4. A manifestação de 1915 39
5. A primeira aparição do Anjo 43
6. A segunda aparição do Anjo 47
7. A terceira aparição do Anjo 49

As aparições de Nossa Senhora de Fátima
8. Treze de maio 55
9. Treze de junho 61
10. Treze de julho 65
11. Treze de agosto 73

12. Treze de setembro 81
13. Treze de outubro. 91

Os Pastorinhos
14. Irmã Lúcia 99
15. São Francisco Marto. 115
16. Santa Jacinta Marto 123
17. Um longo caminho para a santidade 135

O Segredo
18. Um Segredo em três partes 143
19. Afinal, que Segredo é esse? 147
20. Entendendo o Segredo 151

O papa do Segredo
21. Atentado ao papa 157
22. O papa polaco. 163
23. A bala na coroa. 171
24. Um bispo disfarçado para a missão 175

Fátima e suas curiosidades
25. O Santuário 187
26. A imagem 193
27. O Formigão. 195
28. Água que brota. 199
29. Atentado a bomba. 203
30. Imagens peregrinas. 207

A mensagem de Fátima
31. O rosário. 217
32. A devoção ao Imaculado Coração de Maria 223
33. Sacrifício e reparação 229

OS PRIMEIROS EM TUDO

34. A Virgem de Fátima no Brasil...................235
35. Uma Igreja dedicada à Nossa Senhora de Fátima 237
36. Fátima também é aqui!.........................239

Epílogo: A Mensagem também é para você...............245

Notas...254
Bibliografia 261
Agradecimentos 263

Introdução

Altar do mundo

Para o católico, ir a Portugal e não ir a Fátima é o mesmo que ir a Roma e não ver o papa. A cidade tornou-se um local importante de visitação até mesmo para aqueles que têm outras religiões ou que afirmam não seguir nenhuma doutrina religiosa.

Fátima é realmente um marco na história, pois foi justamente nesse lugarejo no interior de Portugal, ou, como se costuma dizer por lá, uma aldeia sem nenhuma expressão, que se acredita que Nossa Senhora apareceu em 1917. Um lugar que, naquela época, nem sequer recebia informações precisas sobre Lisboa e muito menos sobre a guerra e todos os conflitos sangrentos em que a humanidade estava submersa.

Esse lugar tão simples foi o escolhido por Nossa Senhora para aparecer a três crianças pobres e analfabetas: os irmãos Francisco e Jacinta e sua prima Lúcia. Eles tinham como incumbência pastorear as ovelhas nos campos de seus pais, atividade que originou o apelido carinhoso "Pastorinhos".

Segundo relatos, Francisco, de nove anos, era um menino alegre, obediente e que evitava brigas e conflitos graças à sua personalidade calma, o que acabava fazendo com que muitas vezes fosse deixado de lado nas brincadeiras, já que quase sempre perdia nos jogos. Ficava encantado com o nascer e o pôr do sol e costumava dizer: "Nenhuma candeia é tão bonita como a de Nosso Senhor"[1], referindo-se à beleza do sol superar a da lua e das estrelas.

Sua irmã Jacinta, de sete anos, era considerada como uma criança "bastante antipática"[2] antes das aparições, por apresentar um comportamento de menina mimada. Bastava o menor desentendimento para já ficar emburrada num canto. Por outro lado, podia também se mostrar "amável e atraente". Animada, gostava de dançar e cantar e era também muito sensível, pois, sempre que ouvia a história da morte de Jesus, chorava, emocionada.

A terceira pastorinha chamava-se Lúcia e tinha dez anos. Era prima de Francisco e Jacinta e, como a mais velha dos três, era quem os liderava. Era tratada com muito carinho pela família por ser a mais nova de sete irmãos e, assim como seus primos, tinha uma educação rígida dentro dos princípios religiosos, o que a fizera receber a primeira comunhão alguns anos antes.

Enfim, os Três Pastorinhos eram crianças como todas as outras, simples e que gostavam de brincar, mas que foram testemunhas de um acontecimento surpreendente, como veremos mais adiante.

Ao chegarmos ao Santuário dedicado à Nossa Senhora do Rosário de Fátima, em Portugal, avistamos uma enorme esplanada, que contém uma basílica com sinos e uma coroa dourada no seu topo. No lado oposto, foi erguida uma outra basílica redonda, imensa, chamada Basílica da Santíssima Trindade e, entre as duas, uma capelinha singela, de aproximadamente 15 m², coberta por um moderno e amplo alpendre de 900 m², que curiosamente não possui portas, como se convidasse todos para entrar.

Nessa capela, encontra-se um pedestal de granito branco com a imagem de Nossa Senhora de Fátima protegida por vidros blindados, que marca o exato local onde Nossa Senhora apareceu aos três pobres e pequenos pastores.

O Santuário está sempre cheio, mas o que vemos na véspera e no dia 13 de maio — data em que se comemora a primeira aparição de Nossa Senhora em Fátima — é algo impressionante, até mesmo para os mais incrédulos. Na entrada da cidade posicionam-se caminhões e tendas, com equipes especializadas para o atendimento dos peregrinos que caminham dias para chegar até lá, como forma de pagar uma promessa ou simplesmente como uma penitência. É comum ver pessoas com os pés repletos de feridas, sangrando, mas felizes por terem chegado ao seu destino.

Assim que o dia amanhece, a grande esplanada já começa a encher. Homens e mulheres de todas as idades, famílias inteiras, grupos vindos dos mais diversos países se reúnem no local.

Diante da Capela das Aparições, é impossível não se sensibilizar com a quantidade de pessoas que percorrem de joelhos aquele longo percurso. Alguns chegam a se arrastar com os braços, tamanha é a graça alcançada.

É realmente algo tão forte que, nos dias que antecederam a festa do centenário das aparições, mais precisamente no dia 10 de maio de 2017, havia um muçulmano, vindo de Beirute, chamado Sami Aoun, de 29 anos, que, aproveitando sua estada em Madri, onde passava férias, decidiu ir ao Santuário, já que em sua terra natal havia ouvido falar que Nossa Senhora lá havia aparecido. Próximo a um grupo de asiáticos que também percorriam o caminho de joelhos, Sami disse a jornalistas[3] que estava ali pedindo pela mulher e o filho que iria nascer, assim como pela união entre cristãos e muçulmanos. E acrescentou: "Eu acre-

FÁTIMA *15*

dito na Virgem Maria. Acredito que ela tenha aparecido aqui aos três meninos".

A noite do dia 12 chega, a véspera da grande data celebrada, e o local fica tão cheio que é difícil se locomover. A maioria das pessoas permanece em pé, mas alguns carregam pequenos banquinhos para não sucumbir às longas horas de espera, todos na maior ordem e em silêncio.

Inicia a cerimônia, e, a partir da vela acendida pelo celebrante principal no altar, alguns vão acendendo as velas dos que estão a seu lado, como se compartilhassem a graça com o próximo, uma demonstração de fé e caridade. Numa espécie de onda, o pátio vai se iluminando, formando um verdadeiro espetáculo de luzes.

Das caixas de som ouvimos a música mais típica de Fátima, "A Treze de Maio", e o sinal da cruz é repetido por todas as 500 mil pessoas que lá se encontram. Contritas, rezam o terço, respondendo a cada pai-nosso e ave-maria. E o mais incrível é que, em cada dezena do terço, as orações são puxadas em uma língua diferente e respondidas num imenso coro em português. As ave--marias são recitadas em francês, inglês, espanhol, alemão e japonês; vários povos unidos por um mesmo propósito.

Ao término do terço é celebrada a missa, e posteriormente há uma procissão, com a imagem de Nossa Senhora cuidadosamente retirada de seu nicho por dois fiéis que voluntariamente auxiliam o Santuário, chamados de Servitas. Usando luvas brancas, colocam--na cuidadosamente num andor decorado com muitas flores. Como o recinto está lotado, é a Virgem que, de cima daquele grande andor, carregada por militares, caminha no meio do povo, cujas preces, súplicas e choros de emoção são ouvidos em meio às músicas entoadas por um grande coro de vozes.

No dia seguinte, no tão aguardado 13 de maio, logo pela manhã o imenso pátio já está totalmente lotado, reunindo ainda mais pessoas que no dia anterior. Outros dois Servitas carregam uma coroa de pedras preciosas para ser colocada na imagem de Nossa Senhora de Fátima, e pouco antes das oito horas da manhã tudo já está pronto. Com o mesmo zelo do dia anterior, a imagem é retirada de seu nicho e colocada no andor, que já se encontra na parte esquerda da capela, dentro do alpendre, e, após estar devidamente ancorada, começa a grande cerimônia.

Tem então início uma gigantesca procissão a partir da Capelinha, que reúne cerca de quinhentos homens de toda a hierarquia da Igreja: diáconos, padres, bispos e cardeais. Nossa Senhora novamente caminha no meio da multidão, em direção a um altar montado ao ar livre, para que todos possam participar da missa, como se a esplanada virasse uma grande igreja.

A missa transcorre na mais absoluta ordem e todos os presentes, quietos e concentrados, fazem suas preces de clamor e de agradecimento. Ao término, Nossa Senhora, mais uma vez carregada em seu andor pelos militares fardados, retorna à Capelinha para ser colocada novamente em seu pedestal. Com a música "Ó Virgem do Rosário", conhecida como "Adeus de Fátima", toda aquela multidão acena em direção à Virgem com seus lenços brancos e dão adeus a Nossa Senhora, formando uma espécie de balé de acenos, banhada em lágrimas, já ansiosa pelo próximo encontro.

Naquele 13 de maio de 2017, como que ainda para acarinhar seus milhares de filhos, quando Nossa Senhora retornou definitivamente ao seu posto e a música estava prestes a ser encerrada, um grito foi ouvido em meio à multidão: "Olhem para o céu!" E todos que se voltaram para o Astro-Rei viram um lindo arco-íris, como uma auréola em volta do Sol, um arco perfeito e colorido que fazia menção ao grande milagre realizado por Nossa Senhora em sua última aparição no dia 13 de outubro de 1917, o chamado Milagre do Sol.

Fátima é realmente um lugar instigante, e o que mais se escuta de quem lá esteve é que tem algo de diferente, algo que toca o coração. É um lugar instigante também por conter um segredo, um segredo guardado por muitos e muitos anos nos arquivos mais secretos do Vaticano.

Mas do que trata esse tal segredo? Essa história envolvente ganhou grandes proporções já nos primeiros meses após as aparições de Nossa Senhora de Fátima, levando o governo português a intervir e fazendo com que o administrador local chegasse a prender os primos-videntes, e que mais tarde arrastaria toda essa multidão de fiéis a se reunir ali mensalmente nos últimos 101 anos. Entre eles, vários papas e dezenas de cardeais, bispos, milhares de padres e milhões de peregrinos, famosos e anônimos.

Desde a primeira aparição, Fátima cresceu muito, tornando-se um centro de referência e oração não somente para os católicos, mas também para todo o mundo. Uma cidade pequena, organizada e lotada de lojas de artigos religiosos, que vendem Nossas Senhoras de Fátima de todos os tamanhos, materiais e versões, além das imagens dos Pastorinhos e das mais diversas figuras católicas. Com muitos hotéis, tem sua economia totalmente voltada para os acontecimentos de 1917.

Logo na entrada do município avista-se um grande monumento em homenagem aos Pastorinhos, situado numa rotunda — como os portugueses chamam as rotatórias. O centro da cidade possui um museu de cera que conta a história das aparições, além de um museu dedicado a Francisco e Jacinta, canonizados pelo papa Francisco em Fátima, na festa do centenário das aparições.

Em Fátima, é possível visitar a casa de Lúcia quando criança, assim como a casa onde Francisco e Jacinta viviam. Ambas são construções simples, feitas com pedra e madeira e decoradas com objetos pequenos, já que é conhecido que os habitantes daquela região costumavam ser pessoas de baixa estatura.

Um pouco mais adiante, há uma grande Via Sacra a céu aberto com as estações devidamente demarcadas e onde é possível avistar, em qualquer época do ano, grupos de peregrinos percorrendo-a, todos contritos em oração.

Há ainda o local exato da aparição do Anjo de Portugal, devidamente demarcado com estátuas que reproduzem os acontecimentos e também o único local fora do Santuário onde Nossa Senhora apareceu aos três Pastorinhos, no qual foi erguida uma belíssima estátua de Nossa Senhora de Fátima.

Contudo, os acontecimentos não se encerram aí. Há ainda os mistérios que envolvem as aparições, como o famoso Segredo e o fato de um papa ter declarado que sua vida foi salva por intermédio de Nossa Senhora de Fátima. Apesar de a Igreja já ter reportado algumas aparições semelhantes ao longo da história — como as de Lourdes, na França durante o século XIX —, nunca nenhum outro fenômeno religioso foi tão envolto em mistérios e teve consequências tão profundas em nossa sociedade, que repercutem até os dias de hoje, quanto aquele ocorrido nesse pequeno vilarejo português há mais de cem anos, fazendo com que Fátima passasse a ser considerada o "altar do mundo".

Voltando no tempo

Capítulo i

Portugal e sua história com a Igreja

O Condado Portucalense, localizado na Hispânia (nome dado pelos romanos à Península Ibérica) e que mais tarde tornou-se Portugal, surge de uma região que tem em suas raízes o cristianismo. Segundo a Carta de São Paulo aos Romanos[1], por volta do ano 58, São Paulo iniciou a evangelização da Hispânia, o que foi confirmado pelo papa Clemente i no ano 96, numa carta aos Coríntios.[2] Há também indícios da ida do Apóstolo Santiago à península e dos chamados "Varões Apostólicos", que teriam sido os primeiros discípulos dos apóstolos e enviados por São Pedro e São Paulo, com o mesmo propósito de evangelizar toda aquela região.

Já no século xi, no ano de 1096, o intitulado rei de toda a Hispânia, Dom Afonso vi de Leão e Castela, deu a mão de sua filha Teresa em casamento a Dom Henrique de Borgonha, por ter lutado contra a invasão dos mouros, islâmicos desejosos em conquistar novos territórios e de acabar com o cristianismo. Além da mão de sua filha, concedeu também a Dom Henrique o título de conde, juntamente com as terras do Condado Portucalense.

Assim como todos os condes e outros nobres, ele deveria prestar obediência e submissão ao rei.

Contudo, Dom Henrique, desobedecendo às ordens hierárquicas, tentou tornar Portugal independente, mas não teve sucesso. Isso só foi possível após sua morte, quando seu filho Dom Afonso Henrique realizou o sonho do pai e, em 1128, depois de travar a conhecida batalha de São Mamede, conquistou a tão sonhada independência, transformando o condado no Reino de Portugal e tornando-se seu primeiro rei.

Todavia, a luta para reconquistar as terras perdidas continuou, e entre 1383 e 1385 Lisboa foi cercada pelo Rei João I de Castela. O Exército castelhano era muito mais numeroso, porém mesmo assim foi derrotado. Essa vitória, ocorrida em 14 de agosto de 1385, tal como várias outras, foi atribuída a Dom Nuno Álvares Pereira, o Comandante Supremo do Exército, e ficou conhecida como a batalha de Aljubarrota. No final do longo conflito na Península Ibérica, Dom Nuno passou a ser respeitado por todos em Portugal, embora tanto o povo português quanto o próprio comandante tenham atribuído a vitória à Imaculada Conceição, da qual eram extremamente devotos.

Dom Nuno, que era de família nobre, ainda muito novo tornou-se pajem da rainha Dona Leonor, o que o aproximou da família real. Possuía grande aptidão militar, acompanhada de uma espiritualidade sincera e profunda, tanto pela eucaristia quanto pela Virgem Maria. Foi essa espiritualidade que o levou posteriormente a fundar a Igreja de Nossa Senhora do Castelo, em Vila Viçosa, no distrito português de Évora, assim como a doar uma imagem da Virgem Santíssima confeccionada na Inglaterra. Dom Nuno foi beatificado pelo papa Bento XV em 1918 e canonizado pelo papa Bento XVI em 26 de abril de 2009, sob o título de São Nuno de Santa Maria.

Quase trezentos anos depois, em 1º de dezembro de 1640, uma outra vitória importante foi também atribuída à intercessão da Imaculada Conceição: a chamada Guerra da Restauração. A vitória nesse conflito, que deu a Portugal o reconhecimento da independência do controle da Espanha, também foi atribuída à intercessão da Mãe de Deus pelo então rei Dom João IV.

Como forma de agradecimento, o rei coroou a já conhecida imagem de Nossa Senhora da Conceição de Vila Viçosa, doada por Dom Nuno, atribuindo-lhe o título de Rainha de Portugal. Após depositar sua coroa aos pés da imagem, chamando-a de a verdadeira Rainha de Portugal, Dom João IV deixou de utilizar a coroa real, abrindo mão da demonstração de sua realeza em nome de Nossa Senhora da Conceição. Esse gesto de submissão de Dom João IV a Nossa Senhora confirma de forma concreta o catolicismo de todo o reino. Em 1640 a Imaculada Conceição é declarada Padroeira de Portugal e, por consequência, padroeira também de todas as suas colônias.

Cabe ressaltar aqui que, nessa data, o Brasil ainda era colônia portuguesa e, portanto, também foi consagrado à Imaculada Conceição, a mesma Imaculada que no ano de 1717, representada em uma imagem de madeira, surgiu na rede de três pescadores nas águas do rio Paraíba, e que mais tarde tornou-se Nossa Senhora da Conceição Aparecida — Rainha e Padroeira do Brasil, quando nosso país já havia conquistado a independência de Portugal.

Capítulo 2

1917 em Portugal e no mundo

Após 771 anos de monarquia, passando por 35 monarcas e quatro dinastias — Borgonha/Afonsina, Aviz, Filipina e Bragança —, compreendidas no período entre 1139 a 1910, Portugal vivia um total desequilíbrio em todos os contextos: político, econômico, social e até mesmo cultural.

Nos âmbitos social e econômico, a crise gerou um aumento dos preços dos produtos, dos impostos e das taxas de desemprego e afetou a vida e o trabalho dos camponeses, operários e de toda a classe média. A crise ainda gerou o aumento da dívida pública, a desvalorização da moeda, a falência de alguns bancos, a diminuição dos investimentos e um grande déficit na economia portuguesa.

Por ser um país pouco industrializado e com uma agricultura incapaz de concorrer com a do restante da Europa, os altos gastos da monarquia faziam diferença aos cofres públicos, gerando uma revolta ainda maior por parte da população.

Portugal era um país basicamente agrícola, marcado pelas altas taxas de analfabetismo, com uma enorme carência educativa, o que agravava as aspirações de mudança e evolução da sociedade. Sob o regime de uma monarquia cansada, que se encontrava em franco declínio, as ideias republicanas ganhavam cada vez mais adeptos.

Percebendo que seria inevitável encontrar soluções e implementar reformas estruturais que necessitariam de uma nova organização político-administrativa, os republicanos desejavam modificar esse modelo de gestão que era considerado cada vez mais problemático e nada vantajoso para o povo. Assim, em 1910 eles tomaram o poder, exilaram na Inglaterra Dom Manuel II, o último rei de Portugal, colocando um ponto final na monarquia portuguesa, junto a suas instituições e suas figuras. Com isso, a instituição mais próxima da monarquia, que era a Igreja, não só perde parte de sua influência e prestígio como também passa a sofrer grandes perseguições.

Em 1911 foi aprovada uma lei que separava a Igreja e o Estado e que se tornou base de uma luta ideológica. Os padres foram proibidos de dar aulas em escolas e até mesmo de votar. Igrejas foram fechadas e bispos expulsos de suas dioceses. A perseguição foi tão grande que em 1913 o governo português rompeu relações com o Vaticano, relações essas só retomadas em 1918.

Se já não bastasse todo esse momento conturbado que o país atravessava, de incertezas em todos os âmbitos, Portugal, que já tinha uma relação tensa com a Alemanha graças às constantes ameaças dos alemães a suas colônias, além de outras questões no âmbito diplomático, entra na Primeira Guerra Mundial (1914-1918), ficando ao lado da Inglaterra e seus aliados. De um lado estavam Alemanha, Áustria-Hungria e, inicialmente, Itália, formando a Tríplice Aliança. Do outro, estavam Inglaterra, França e Rússia, formando a Tríplice Entente, também conhecida como Países Aliados.

Para entrar nessa guerra sangrenta, Portugal criou o Corpo Expedicionário Português (CEP) e mais tarde o Corpo de Artilharia

Pesada Independente (CAPI). Ao longo dos anos de 1917 e 1918, a CEP foi destroçada e quase a totalidade de seu efetivo feita prisioneira pelos alemães. O clima de terror e de miséria era percebido por toda a parte. Faltavam alimentos, remédios e os insumos básicos para a sobrevivência do povo. Os preços subiram e revoltas populares começavam a surgir. A preocupação com o futuro de Portugal era constante, sem contar o grande temor, já que eram recrutados nas famílias homens de 19 a 25 anos, sendo a maior parte solteiros, mas também os casados. Não eram militares de carreira, mas sim combatentes feitos às pressas — que nunca haviam pegado em armas —, camponeses e analfabetos em sua maioria, que deixavam mães, namoradas e esposas desoladas.

A Primeira Guerra Mundial foi avassaladora. O conflito durou quatro anos — de julho de 1914 a novembro de 1918 — e teve a participação de mais de setenta países, mobilizando cerca de 70 milhões de soldados. Foi registrado o número de 10 milhões de mortos e 20 milhões de feridos ao longo desse período. Somente as emblemáticas batalhas de Verdun e do Somme, travadas em 1916 na França, originaram, respectivamente, 770 mil e 1,2 milhão de mortos e feridos de ambos os lados. Entre 5 e 6 milhões de soldados sofreram mutilações ao longo do conflito, sem contar que pela primeira vez foi usado o gás mostarda, uma substância extremamente tóxica, capaz de causar queimaduras imediatas ao entrar em contato com a pele, cegueira momentânea devido ao inchaço nos olhos, além de hemorragias internas e externas que levavam ao óbito. Somente o uso dessa arma química deixou mais de 20 mil mortos e marcou profundamente a memória do conflito.

A quantidade de civis mortos também foi alarmante, como os mais de 1 milhão de armênios massacrados pelo Império Otomano, só para citar um dos casos. De qualquer forma, é difícil precisar o número exato, já que, além da guerra propriamente dita, havia também os efeitos por ela causados, como o êxodo e a fome.

Para agravar ainda mais a situação, no final da guerra, no ano de 1918, houve uma pandemia mundial de gripe espanhola, que deixou somente na Europa 20 milhões de mortos e cerca de 50 milhões de vítimas fatais em todo o mundo. Apesar de seu nome, o surto não se originou na Espanha, como muitos imaginam. Devido à neutralidade da Espanha, que se manteve fora do conflito, o governo espanhol não censurou as informações da gripe, de forma que todas as notícias que o resto do mundo recebia a respeito da doença vinham de lá. Assim, não foi difícil a Espanha ser creditada como o país de origem da pandemia. Posteriormente, alguns pesquisadores atribuíram o seu surgimento à China e, outros, aos Estados Unidos. Mas o fato é que a guerra auxiliou na sua disseminação por todo o mundo, sendo conhecida também como "gripe do front".

A Primeira Guerra Mundial e seus longos quatro anos de confrontos fizeram ainda 10 milhões de refugiados em toda a Europa, principalmente na Rússia, Sérvia, França, Bélgica, Alemanha e Armênia, além de 3 milhões de viúvas e 6 milhões de órfãos. Uma guerra sangrenta e cruel, que deixou marcas e consequências terríveis.

Além de toda essa tragédia, há ainda um fato marcante que aconteceu em 1917 e que mudaria toda a configuração mundial, a chamada Revolução de Outubro, ou Revolução Russa.

No início do século XX, o então Império Russo tinha uma economia atrasada e agrícola, já que cerca de 80% desta estava concentrada no campo. O país era governado pelo czar Nicolau II de forma absolutista, centralizando todos os poderes em suas mãos. Os trabalhadores rurais viviam em extrema miséria, pagando altos impostos para manter a base do sistema, e até mesmo os trabalhadores urbanos, que desfrutavam dos poucos empregos da insignificante indústria russa, viviam também insatisfeitos com o governo.

Tendo em vista todo o descontentamento do povo, no ano de 1905, na cidade de São Petersburgo, manifestantes marcharam pacificamente até o Palácio de Inverno, uma das residências da família real, para apresentar uma petição ao czar. Entretanto, devido à política do absolutismo monárquico de Nicolau II, nenhum tipo de participação popular era admitido, e o czar mandou seu exército, formado pela Guarda Imperial, fuzilar milhares de manifestantes que ali estavam. Esse massacre reprimiu não somente civis que estavam em busca de melhores condições de vida, como também militares que aderiram, pelos mesmos motivos, à manifestação. Com isso, na década de 1910, os trabalhadores russos se organizaram para lutar pela queda da monarquia, dando início ao movimento bolchevique, que, liderado por Lênin, começava a preparar terreno para a revolução socialista na Rússia.

Mesmo com todos os problemas socioeconômicos que enfrentava — escassez de alimentos, desemprego, salários indignos e a ausência de democracia —, Nicolau II decidiu que a Rússia participaria da Primeira Guerra Mundial, o que foi preponderante para o aumento do clamor popular por uma revolução capaz de mudar totalmente o quadro político e econômico do país.

Toda essa conjuntura fez com que trabalhadores rurais e urbanos organizassem greves e motins, que passaram a acontecer inclusive dentro do próprio Exército russo. Era crescente o desejo pelo fim da monarquia, o que culminou na deposição do czar Nicolau II no ano de 1917, fazendo assim que um outro grupo pró-revolução chamado menchevique assumisse provisoriamente o poder.

Contudo, o outro grupo revolucionário formado pelos bolcheviques, liderado por Lênin, ainda não estava satisfeito com o rumo tomado pelo país e, em outubro de 1917, organizou uma nova revolução que efetivamente transformaria toda a conjuntura. Com a promessa de paz, terra, pão, liberdade e trabalho, Lênin assumiu o governo da Rússia e implantou o socialismo.

Lênin perseguiu, condenando à morte, os integrantes da monarquia, assim como seus simpatizantes e também os opositores ao nascente regime socialista. Ele nacionalizou bancos e fábricas e realizou uma reforma agrária. No ano seguinte, retirou a Rússia da Primeira Guerra Mundial e instalou no país o sistema unipartidário, tendo como único partido o Comunista.

Com todas essas medidas tomadas, seu próximo passo foi a implantação da União das Repúblicas Socialistas Soviéticas, mais conhecida como URSS, uma federação de várias repúblicas lideradas pela Rússia e que também aderiram ao sistema socialista. O que se seguiu foi um período de grande crescimento econômico, tornando a URSS uma potência econômica e militar que mais tarde rivalizaria com os Estados Unidos durante a Guerra Fria.

Entretanto, mesmo com todos os avanços nas mais diversas áreas, a situação da população russa pouco mudou no que dizia respeito à tão desejada democracia. Ao contrário do pretendido, o Partido Comunista passou a reprimir violentamente qualquer manifestação considerada como adversária aos seus princípios, perseguindo seus opositores, prendendo-os e matando-os.

Como um dos pilares de sua ideologia era o ateísmo, o novo regime totalitário soviético passou a enfraquecer não apenas o cristianismo como também todas as demais religiões, até o ponto em que proibiu qualquer prática religiosa. O governo incentivava o ateísmo em todos os âmbitos, como nas escolas e nos ambientes de trabalho, e para isso fez uso dos meios de comunicação, seguindo à risca o pensamento do seu maior influenciador, o pensador alemão Karl Marx, que dizia: "A religião é o ópio do povo"[3].

Capítulo 3

Fátima, o local onde tudo aconteceu

Fátima, com seus menos de 72 km² de área, é a sede da freguesia portuguesa de mesmo nome, sendo também uma subdivisão do Conselho de Ourém.

Na época das aparições, Fátima era apenas uma paróquia composta por mais de vinte pequenos lugarejos, entre eles Aljustrel, Casa Velha, Moita Redonda e Lombo d'Égua. Foi elevada à qualidade de vila em 19 de agosto de 1977 e ganhou o título de cidade somente em 4 de junho de 1997. Assim, todos os lugarejos já citados passaram a fazer parte da cidade de Fátima.

Segundo a tradição, o nome da cidade de Fátima veio de uma disputa entre cristãos e muçulmanos no século XII, em homenagem a uma moça sarracena (nome dado pelos cristãos da época aos muçulmanos) de origem nobre, filha do governador do castelo de Alcácer do Sal. Ela recebeu o nome de Fátima em honra à filha do profeta Maomé. Essa jovem foi raptada no meio da guerra entre muçulmanos e cristãos, que disputavam a posse do lugar. Segundo se conta, Dom Gonçalo Hermingués, um dos heróis da Reconquista, apaixonou-se pela jovem e se casou com ela. Em seguida, ela se converteu ao catolicismo, chegando a ser batizada com o nome de Oriana em 1158. O casamento infelizmente durou pouco, pois a moça veio a falecer prematuramente. Segundo a história, após ficar viúvo, Dom Gonçalo deixou o combate e pediu seu ingresso no mosteiro dos Cistercienses de Alcobaça, que ainda hoje é visitado por inúmeros turistas, e os restos mortais de sua mulher foram lá sepultados. Com a necessidade de ampliar seus domínios, os cistercienses fundaram um novo mosteiro perto dali, em terras doadas por Dom Gonçalo, e o enviaram para presidi-lo, permitindo que ele levasse consigo os restos mortais de sua amada esposa, que seriam novamente sepultados no novo mosteiro. Aquele era até então um local desconhecido e ermo, que passou a ter o nome daquela que, nascida muçulmana, tornou-se uma esposa cristã exemplar.

O mosteiro desapareceu graças à ação dos anos, mas existe até hoje a pequena igreja dedicada a Nossa Senhora, onde estariam os restos mortais de Fátima, dando assim origem ao nome da cidade e também do condado, que se chamava Oriana e que com o tempo passou a ser conhecido como Ourém.

Outro lugar de grande importância na história das aparições é a Cova da Iria, também situada em Fátima — o exato local onde acredita-se que Nossa Senhora apareceu.

No início, o lugar era chamado de Vale de Irene, passando a ser chamado posteriormente de Cova da Irene e por fim, por abreviação, Cova da Iria. É muito possível que a área onde se situa a cova tenha pertencido aos antepassados da vidente Lúcia, pois a maior parte das terras da região era de sua família.

Conta a lenda que o nome Cova da Iria provém de uma jovem chamada Irene, uma mártir da pureza que se consagrou a Deus a partir da educação recebida de duas tias religiosas beneditinas. A menina fez seus votos ainda muito jovem e, mesmo sabendo que

Irene se tornaria freira, havia um rapaz de nome Britaldo que, apaixonado por ela, não conseguia pensar em outra mulher.

Um dia, Irene foi caluniada na frente de Britaldo, que, acreditando que a jovem tinha um amante, a matou, cego de ódio, e jogou seu corpo no rio, dentro de um sarcófago. A lenda prossegue narrando que o sarcófago foi encontrado pelo tio de Irene perto da Vila de Santarém, e que o tio, ao abri-lo, viu o corpo de sua sobrinha resplandecendo de beleza. O tio levou os restos mortais de Irene para as terras onde ela havia nascido e lá a sepultou. A história se tornou famosa e, assim, a localidade passou a ter o nome da moça.

Vale destacar que o nome Irene é de origem grega e significa "paz". Ao longo de mais de um século, milhões de peregrinos puderam experimentar a paz na Cova da Iria, como um sinal evidente desse desígnio, manifestando a vocação fundamental do local.

AS APARIÇÕES DO ANJO

Capítulo 4

A manifestação de 1915

Tendo em vista a simplicidade tanto do local quanto das pessoas que viviam em Fátima, não era de se estranhar que logo cedo as crianças fossem colocadas para ajudar nos afazeres cotidianos. E assim Lúcia, a mais velha dos três videntes, ao completar sete anos, começou a pastorear o rebanho da família, enquanto que os irmãos cuidavam de outras atividades como a costura e o plantio.

Isso fez com que Lúcia tivesse de abandonar o convívio e as brincadeiras com os primos, o que deixou os irmãos Francisco e Jacinta bastante tristes. Entretanto, devido às circunstâncias e sem terem outra opção, eles tiveram de se conformar com a separação, mas não sem antes buscar uma alternativa. Por serem muito novos e não terem a autorização da mãe para também trabalhar no pastoreio, decidiram que todos os dias, ao entardecer, esperariam pela prima, para ver a lua e as estrelas despontarem no céu, ou, como eles carinhosamente costumavam dizer, o momento em que Nossa Senhora e os anjos acendiam suas lamparinas e as colocavam em Suas janelas para iluminar os homens. Quando não havia luar, as crianças diziam que não havia azeite suficiente para acender a candeia de Nossa Senhora.

A notícia de que teriam uma nova pastora se espalhou rapidamente pela vizinhança, o que fez com que quase todos os outros que exerciam a mesma função fossem até ela oferecer companhia, a qual a nova pastora, para não ser indelicada, aceitou de pronto. No dia seguinte, encaminhou-se para a serra conforme havia combinado com os demais. Só que o lugar estava tão cheio de gente e rebanhos que acabou que a menina, ainda tão nova e tão tímida, se sentiu desconfortável.

Então, no dia seguinte, sem dizer nada a ninguém, Lúcia combinou com as irmãs Teresa e Maria Rosa Matias, e também com outra amiga, Maria Justino, para levar os rebanhos até uma pastagem em terras opostas àquelas aonde os vizinhos costumavam ir. Assim, dirigiram-se com seus carneirinhos para um monte conhecido como Cabeço. Ao chegarem quase ao topo, subindo a encosta coberta por um extenso arvoredo que se espalhava pela planície, composto de carvalhos, pinheiros, azinheiras e oliveiras — as árvores típicas do interior de Portugal —, as meninas fizeram uma pausa para lanchar, ou, como dizem por lá, merendar. Era por volta do meio-dia e, ao fim da refeição, Lúcia convidou suas três amigas para rezarem com ela o terço. Mal haviam começado a oração quando, segundo palavras da própria Lúcia,[1] avistaram uma figura que mais parecia uma estátua feita de neve, que os raios do sol tornavam resplandecente, suspensa no ar sobre o arvoredo. Assustadas, as meninas se indagaram sobre o que seria aquilo e, sem terem resposta, continuaram rezando, com os olhos fixos naquela figura, que desapareceu ao término da oração.

Lúcia, bastante discreta, ficou quieta sobre o ocorrido e nada disse a ninguém. Entretanto, as outras meninas não se contiveram e assim que chegaram em casa contaram às suas famílias.

Num lugarejo tão pequeno, não foi de se estranhar que a notícia tenha se espalhado rapidamente.

A mãe de Lúcia, quando chegou em casa, foi logo interrogando-a, querendo saber exatamente o que a filha vira que havia se tornado o comentário da vizinhança. Como a menina não sabia explicar muito bem aquela visão, disse que parecia uma pessoa embrulhada num lençol, sem olhos ou mãos distinguíveis, e a mãe já foi logo considerando o ocorrido como uma tolice de criança.

Algum tempo depois, as quatro meninas voltaram para o mesmo monte e viram se repetir o fenômeno, que foi novamente relatado pelas amigas de Lúcia. Houve ainda uma terceira aparição, tal qual as outras duas, e a mãe da Lúcia, mesmo sem ter ouvido uma única palavra de sua própria filha, tomou mais uma vez conhecimento do fato, já que as outras meninas sempre contavam tudo quando retornavam às suas casas. Aquilo foi suficiente para a mãe de Lúcia demonstrar-se descontente com a filha, como se a mesma estivesse inventando coisas, e para que as irmãs e os vizinhos zombassem dela.

Após esses fatos, as irmãs Teresa, Maria Rosa e Maria Justino não viram mais nada, ao contrário de Lúcia, que, segundo os seus próprios relatos, passou todos os seus longos 98 anos de vida num contato íntimo com as coisas do Céu, o que faz com que muitos acreditem que essas três manifestações do Anjo seriam uma preparação para tudo que ela ainda viveria, conforme veremos adiante.

CAPÍTULO 5

A PRIMEIRA APARIÇÃO DO ANJO

No ano seguinte, inconformados com o pouco tempo que podiam passar com a prima, Francisco e Jacinta continuavam insistindo com a mãe para também pastorearem, e, talvez para se livrar de tantos pedidos, ela lhes entregou o rebanho da família, apesar de os filhos ainda serem muito novos.

Encontravam-se logo cedo e, juntos, iam cada um tocando seu rebanho de ovelhas. Sempre muito alegres, quando chegavam ao alto de uma serra lanchavam e brincavam, mas nunca deixavam de realizar suas orações, de acordo com a educação católica que receberam. Jacinta ficava fascinada ao ouvir o eco de sua voz pelos vales e, quando não gritava o nome "Maria", rezava pausadamente uma ave-maria inteira e deliciava-se com o retorno das palavras pronunciadas. Francisco, já de personalidade mais quieta, preferia, ao chegar ao topo, tocar seu pífaro — uma pequena flauta transversal — e cantar músicas religiosas.

Eram crianças que gostavam de rezar e buscavam sempre fazer as orações que lhes foram recomendadas, mas também eram crianças como todas as outras, e logo desejavam retornar às brincadeiras. Para isso, quando rezavam o terço, repetiam somente as palavras "Ave-Maria" e, ao chegarem ao fim do Mistério, pronunciavam pausadamente apenas as palavras "Pai-Nosso", sem pronunciarem o restante da oração. Assim, de forma inocente e sem se prolongar muito, julgavam que haviam agradado a Deus.

Até que um dia decidiram ir com suas ovelhinhas até a propriedade dos pais de Lúcia, conhecida como Chousa Velha. Como começou uma leve chuva, subiram a encosta de um monte à procura de um local para se abrigar. Chegaram a uma espécie de caverna, que ficava num olival que pertencia a um homem chamado Anastácio, padrinho da menina mais velha.

Ali permaneceram, mesmo após a chuva ter passado e o sol, voltado a brilhar. Lancharam e rezaram o terço rapidamente, naquele mesmo afã de brincar, e iniciaram um jogo de pedrinhas, do qual gostavam muito. Quando estavam brincando, sentiram um forte vento sacudir os galhos das árvores e, como o dia estava limpo e sereno, aquilo chamou sua atenção e os fez olhar para ver o que acontecia. Lúcia nunca havia comentado com os primos a respeito das três manifestações vistas anteriormente e, talvez por isso, Francisco e Jacinta tenham naquele momento se assustado mais que ela.

Sobre as oliveiras, viram a alguma distância uma espécie de luz muito clara que, segundo Lúcia, era "mais branca que a neve". À medida que se aproximava, iam-se distinguindo as feições. Era um jovem de grande beleza, de aproximadamente quinze anos e, conforme descreveu Lúcia, "transparente, mais brilhante que um cristal atravessado pelos raios do sol". Os três ficaram atônitos e, ao se aproximar, a figura disse: "Não temais. Sou o Anjo da Paz. Orai Comigo"[2]. Após se ajoelhar na terra, curvou-se, colocando a fronte no chão. As três crianças disseram que sentiram uma força sobrenatural que as fez imitar aquele gesto, e repetiram as palavras que o Anjo dizia: "Meu Deus, eu creio, adoro, espero e amo-Vos. Peço-Vos perdão para os que não creem, não adoram, não esperam e não Vos amam".

Após fazer com que as crianças repetissem essa frase três vezes, o Anjo levantou e disse antes de desaparecer: "Orai assim. Os Corações de Jesus e Maria estão atentos à voz de vossas súplicas". Essas palavras foram tão fortes que ficaram gravadas na mente dos Pastorinhos.

Os três permaneceram ainda por um bom tempo naquela posição repetindo a oração que acabaram de aprender, tamanha a atmosfera sobrenatural que os envolvia, conforme as próprias palavras de Lúcia. Ficaram tão impressionados com a experiência que se mantiveram até o dia seguinte mergulhados num intenso silêncio, sem trocar nenhuma palavra nem mesmo entre si. Sentiram-se tão profundamente sensibilizados por aquele acontecimento que não conseguiam nem mesmo tocar no assunto.

Jacinta e Lúcia escutaram tudo que o Anjo disse. Entretanto, Francisco, que só conseguia vê-lo, sentiu a mesma força que as meninas, que os fez se ajoelhar, e, ao escutar a oração que elas faziam, acompanhou-as, repetindo suas palavras.

Por já ter experimentado uma situação semelhante, Lúcia pediu que Jacinta e Francisco não fizessem nenhum comentário a respeito do ocorrido, no intuito de evitar desconfianças e chacotas. Dessa vez, seu pedido foi atendido, o que não se mostrou difícil, pois o silêncio também se impôs no íntimo das crianças. Certamente, todos eles consideraram a visão ocorrida naquela tarde como algo indescritível, mas não imaginavam que mudaria suas vidas e a de suas famílias, assim como a rotina daquele lugar e, como poderemos mais tarde confirmar, o curso da história mundial.

Capítulo 6

A segunda aparição do Anjo

O Anjo apareceu uma segunda vez aos Pastorinhos. Era verão do mesmo ano, 1916. Como os dias estavam muito quentes, eles levavam o rebanho ao pasto somente na parte da manhã, bem cedo, e na hora do almoço já estavam em casa, evitando assim as horas de sol mais intenso.

Um dia, enquanto descansavam na casa de Lúcia após o almoço, decidiram ir brincar no quintal, em cima de um poço raso e coberto por uma laje, utilizado para armazenar a água da chuva; era chamado de Poço do Arneiro, que significa arenoso, onde nada cresce. O local, entretanto, era cercado por árvores, sendo por isso muitas vezes escolhido para as horas de descanso graças ao frescor das sombras. De repente, viram a mesma figura do jovem belo e resplandecente como um cristal, que disse: "Que fazeis? Orai! Orai muito! Os Corações de Jesus e Maria têm sobre vós desígnios de misericórdia. Oferecei constantemente ao Altíssimo orações e sacrifícios"[3].

Ao ouvir isso, Lúcia pergunta como irão se sacrificar, ao que o Anjo responde: "De tudo que puderes, oferecei um sacrifício em ato de reparação pelos pecados com que Ele é ofendido e de súplica pela conversão dos pecadores. Atraí, assim, sobre a vossa pátria, a paz. Eu sou o Anjo da sua guarda, o Anjo de Portugal. Sobretudo, aceitai e suportai com submissão o sofrimento que o Senhor vos enviar". E, como na primeira vez, a fala do Anjo não foi ouvida por Francisco, de forma que Lúcia e Jacinta lhe contaram posteriormente o conteúdo da mensagem.

As palavras do Anjo mais uma vez lhes causaram tanta impressão que, segundo Lúcia, os três conseguiram compreender em seus corações o real sentido daquelas palavras. Perceberam que aquela era a dinâmica de Deus, e que os sacrifícios oferecidos a Ele por amor O agradariam e converteriam os pecadores. Assim, desse dia em diante, aquelas crianças passaram a oferecer a Deus tudo o que lhes era difícil e penoso.

CAPÍTULO 7

A TERCEIRA APARIÇÃO DO ANJO

HOUVE AINDA UMA TERCEIRA APARIÇÃO, lá pelo fim de setembro, início de outubro. Jacinta, Francisco e Lúcia foram, como de costume, pastorear seus rebanhos, só que dessa vez subiram uma encosta em direção ao olival dos pais de Lúcia, uma área conhecida como Prégueira, e, após lancharem, decidiram rezar numa gruta localizada do outro lado do monte, num local denominado Lapa. Para isso, tiveram que dar a volta na encosta e passar por cima de alguns rochedos, o que não foi nada fácil, principalmente para as ovelhas.

Ao chegarem à gruta, rezaram o terço e repetiram a oração ensinada pelo Anjo na primeira aparição: "Meu Deus, eu creio, adoro, espero e amo-Vos. Peço-Vos perdão para os que não creem, não adoram, não esperam e não Vos amam". De joelhos, com as faces praticamente encostadas na terra, repetiram inúmeras vezes a oração até que perceberam que sobre eles havia uma luz diferente e, ao erguerem-se para ver o que se passava, avistaram o Anjo.

O Anjo trazia em sua mão esquerda um cálice e, em cima deste, havia uma hóstia suspensa da qual vertiam algumas gotas de sangue. O Anjo deixou o cálice suspenso no ar, ajoelhou-se junto às crianças e os fez repetir três vezes a seguinte oração: "Santíssima Trindade, Pai, Filho e Espírito Santo, adoro-Vos profundamente e ofereço-Vos o preciosíssimo Corpo, Sangue, Alma e Divindade de Jesus Cristo, presente em todos os sacrários da Terra, em reparação dos ultrajes, sacrilégios e indiferenças com que Ele mesmo é ofendido. E pelos méritos infinitos do Seu Santíssimo Coração e do Coração Imaculado de Maria, peço-Vos a conversão dos pobres pecadores"[4].

Em seguida, levantou-se e tomou novamente em suas mãos o cálice e a hóstia.

O Anjo deu a hóstia à Lúcia e fez com que Jacinta e Francisco bebessem o conteúdo do cálice, enquanto pronunciava as seguintes palavras: "Tomai e bebei o Corpo e o Sangue de Jesus Cristo, horrivelmente ultrajado pelos homens ingratos. Reparai os seus crimes e consolai ao vosso Deus"[5].

E, por fim, prostrou-se mais uma vez na terra e repetiu com os Pastorinhos outras três vezes a oração que lhes havia ensinado em seu primeiro encontro, antes de desaparecer.

Francisco, Lúcia e Jacinta permaneceram ali, impressionados com a intensidade daquela experiência. Essa força era tão grande e arrebatadora que se sentiam até mesmo privados dos sentidos corporais, de forma que ficaram prostrados por um longo tempo. Intimamente, sentiam uma paz e uma felicidade tão imensas que nada mais lhes importava. Algumas horas depois, entretanto, Francisco deu-se conta de que já anoitecia e alertou a irmã e a prima de que já estava na hora de voltarem para casa.

Nos dias que se seguiram, Francisco quis saber o que o Anjo havia dito além das orações que ele ouvira as meninas fazerem e que ele havia repetido. Depois disse a Lúcia que sabia que ela havia recebido a comunhão, mas que estava em dúvida sobre o significado daquilo que ele e Jacinta haviam recebido. Jacinta mais que depressa respondeu que ambos também receberam a comunhão, lembrando o irmão a respeito do sangue que caía da hóstia.

E assim seguiram os dias, com as três crianças tentando prosseguir com suas vidas cotidianas, sentindo-se em paz, guardando o segredo para si, enquanto tentavam atender aos pedidos feitos pelo Anjo. Essa experiência mudou a história e o destino de cada um deles. A cada momento se consolidava um caminho que aos poucos os pequenos pastores irão conhecer.

As aparições de
Nossa Senhora de Fátima

Capítulo 8

Treze de maio

Após a experiência vivida pelos Pastorinhos nas aparições do Anjo, é chegado o momento do encontro que seria de fato um divisor de águas nas vidas de Lúcia, Jacinta e Francisco. Era 13 de maio de 1917, um domingo como todos os outros. Após a missa, as três crianças saíram, como de costume, para pastorear suas ovelhas. Nesse dia, escolheram soltar os rebanhos num terreno que pertencia aos pais de Lúcia, localizado numa área chamada Cova da Iria, que ficava a cerca de dois quilômetros de onde viviam. Era um lugar pedregoso, com algumas árvores esparsas, sem nenhuma construção e com poucas plantações dedicadas apenas à subsistência da família.

Eles caminhavam devagar para que as ovelhas pastassem pelo caminho. Por volta de meio-dia, quando brincavam no alto da encosta da Cova da Iria, viram, de repente, algo que mais parecia um relâmpago. Começaram a descer a encosta com medo, pois pensaram se tratar do início de uma tempestade. Foram tocando as ovelhas em direção à estrada e, ao chegarem mais ou menos no meio da descida, viram próximo a uma grande árvore chamada azinheira — uma espécie de carvalho muito comum naquela localidade — outro relâmpago. Até que um pouco mais adiante avistaram, sobre uma carrasqueira — nome dado às azinheiras que ainda estão em desenvolvimento —, uma senhora vestida de branco e que "brilhava mais que o sol", segundo as palavras de Lúcia. A menina dizia que "dela irradiava uma luz mais clara e intensa que a de um copo de cristal cheio d'água cristalina, atravessado pelos raios do sol mais intenso".

Os três pararam a aproximadamente um metro e meio da aparição, tão próximos que foram surpreendidos ao se verem cercados pela luz que a senhora irradiava. Então, ela lhes disse:

"Não tenhais medo. Eu não vos faço mal"[1]. E com essa frase inicia um diálogo com Lúcia, que lhe pergunta:

"De onde a senhora é?"

"Sou do Céu."

"E o que a senhora quer?"

"Vim para vos pedir que venhais aqui seis meses seguidos, no dia 13 a esta mesma hora. Depois vos direi quem sou e o que quero. Depois voltarei ainda aqui uma sétima vez."

"E eu também vou para o Céu?"

"Sim, vais."

"E a Jacinta?"

"Também."

"E o Francisco?"

"Também, mas tem que rezar muitos terços."

E naquele momento Lúcia lembrou de perguntar por duas amigas que frequentavam sua casa para aprender a tecer com a irmã mais velha e que havia pouco tempo tinham falecido: Maria, de aproximadamente dezesseis anos, e Amélia, que deveria ter entre dezoito e vinte anos.

"A Maria das Neves já está no Céu?"

"Sim, está."

"E a Amélia?"

"Estará no purgatório até o fim do mundo." E continuou: "Querei oferecer-vos a Deus para suportar todos os sofrimentos que Ele quiser enviar-vos, em ato de reparação pelos pecados com que Ele é ofendido e de súplica pela conversão dos pecadores?"

"Sim, queremos."

"Ides, pois têm muito que sofrer, mas a graça de Deus será vosso conforto."

Ao fim dessas palavras, Nossa Senhora abriu pela primeira vez as mãos, e, com o reflexo que delas remetia, atravessou os três uma luz tão intensa que, ao penetrar no peito e no mais íntimo de suas almas, fazia-os ver a si mesmos em Deus, representado por essa luz. A imagem era mais nítida do que a do melhor dos espelhos. Então, sentiram um forte impulso de se ajoelhar, e repetiram: "Ó Santíssima Trindade, eu Vos adoro. Meu Deus, meu Deus, eu Vos amo no Santíssimo Sacramento".

Em seguida, Nossa Senhora acrescentou: "Rezem o terço todos os dias, para alcançarem a paz para o mundo e o fim da guerra".

E então serenamente ela começou a se elevar na direção do nascente e a luz que a circundava ia como que abrindo caminho no espaço, motivo pelo qual as três crianças algumas vezes disseram que viram "abrir-se o céu".

É importante ressaltar que as aparições não causavam medo nas crianças, mas sim surpresa. Lúcia esclareceu que o medo que sentiram foi do relâmpago, por pensarem ser o anúncio de uma tempestade. Ela logo se deu conta, entretanto, de acordo com seu próprio relato, que aquele clarão era o anúncio da chegada de Nossa Senhora.

Segundo Lúcia, essa primeira aparição trouxe uma grande paz e alegria para os Três Pastorinhos. Dessa vez, não se sentiram prostrados e conversaram entre si com tranquilidade sobre o ocorrido. Ela ressalta, porém, que a luz que os havia atravessado, vinda das mãos de Nossa Senhora, fazia com que sentissem uma força interior que os movia a se calarem a esse respeito.

Tanto as aparições do Anjo quanto as de Nossa Senhora compartilharam uma curiosa característica: o fato de Lúcia ser a única a falar com eles. Já Jacinta apenas via e ouvia, enquanto Francisco era unicamente capaz de vê-los. E como ele não conseguia ouvir o diálogo, logo após as aparições, Jacinta e Lúcia lhe contavam o que havia sido dito.

É alegado que Francisco demonstrou alegria por saber que logo iria para o Céu, exclamando: "Ó, minha Senhora, terços rezo todos quantos Vós quiserdes"[2]. E, a partir daquele dia, Francisco passou a rezar muitos terços, conforme lhe fora pedido. Às vezes, caminhava à frente das meninas e, quando elas o chamavam, ele somente levantava a mão, mostrando a elas que estava rezando, obedecendo ao pedido feito por Nossa Senhora.

Naquela tarde, os Pastorinhos ficaram tão impressionados com aquele acontecimento que de vez em quando Jacinta exclamava: "Ai! Que Senhora tão bonita!"[3]. E Lúcia mostrava-se apreensiva com a possibilidade de que sua prima não conseguisse guardar silêncio e contasse a alguém. Ao pressioná-la a esse respeito, Jacinta declarava com veemência: "Não digo, não!"[4].

Só que, como Lúcia já pressupunha, Jacinta não se conteve — não por ter sofrido pressão familiar, mas por uma força interior que a impeliu a falar — e acabou contando à mãe sobre a visão que tiveram "daquela Senhora", traindo o acordo que os três haviam feito. Da mesma forma como foi com a manifestação do Anjo, naquele pequeno lugarejo, não foi difícil de a notícia se espalhar, o que começou a criar vários incômodos para as crianças e suas famílias.

A curiosidade já começava a tomar conta das pessoas. Estamos falando de uma região que possuía apenas 2.500 moradores, que, além dos seus rebanhos e lavouras, não tinham outras distrações, de forma que a aparição se tornou o assunto do momento. Assim, muitos abordavam tanto as crianças quanto os seus familiares para perguntar sobre o acontecido. Isso os deixava muito cansados, pois tinham que repetir exaustivamente a mesma história, sem contar que a maioria dos vizinhos mostrava-se incrédula, fazia piadas e debochava das crianças.

Os pais de Francisco e Jacinta não se importaram muito com o fato narrado por sua filha. Já a mãe de Lúcia ficou muito aborrecida e queria a todo custo que Lúcia desmentisse o que haviam dito. Lúcia, que era a caçula de sete irmãos, era muito acarinhada e protegida por toda a família, mas, a partir daquele dia, começou a sofrer dentro de sua própria casa uma forte pressão para que dissesse o que seus parentes queriam escutar. Além de todas as duras palavras que ouvia de seus pais e irmãos, muitas vezes chegou a apanhar para que parasse de espalhar o que eles consideravam como mentiras. Entretanto, mesmo passando a ser desconsiderada dentro da própria casa, a menina continuava afirmando que tudo era verdade. Sua mãe chegou a levá-la à igreja para conversar com o pároco, intimando-a a não mentir. Lúcia, por sua vez, manteve-se fiel aos seus princípios dizendo, como sempre, que a mentira era um grande pecado. No interrogatório feito por esse pároco, que Lúcia descreveu como maçante, ouviu do religioso que deveria tomar cuidado, pois se aquilo fosse realmente algo revelado por Nossa Senhora, ela não haveria de guardar segredo, pelo menos com os representantes da Igreja. Ele disse ainda que as aparições poderiam ser uma enganação do demônio, ressaltando que só o futuro diria o que realmente havia acontecido.

Essa dúvida jogada em seu coração fez com que Lúcia sofresse ainda mais. Ao manifestar aos primos aquela desconfiança, ouviu de sua prima que não poderia ser o demônio, já que o diabo era muito feio e aquela senhora era extremamente bonita e eles a tinham visto subir aos Céus. Quando Lúcia afirmou estar farta de tudo aquilo e que acabaria por falar que nada viram, Francisco a repreendeu: "Não faças isso! Não vês que agora é que vais mentir e que mentir é pecado?"[5]. E assim os primos iam ajudando uns aos outros naquela missão que já se mostrava tão difícil para crianças tão pequenas.

Na sua imensa simplicidade, Francisco costumava dizer: "Gostei muito de ver o Anjo, mas gostei ainda mais de Nossa Senhora. Do que gostei mais foi ver o Nosso Senhor naquela luz que Nossa Senhora nos meteu no peito. Gosto tanto de Deus! Mas Ele está tão triste por causa de tantos pecados! Nós nunca havemos de cometer nenhum. Nossa Senhora disse que íamos a ter muito que sofrer! Não me importo; sofro tudo quanto Ela quiser! O que eu quero é ir para o Céu"[6].

Após aquela primeira aparição, Francisco tornou-se muito contemplativo, não querendo mais cantar as músicas que antes os três entoavam juntos enquanto pastoreavam o rebanho. Passou a ficar mais sozinho, pedindo que o deixassem só, afirmando pensar na tristeza que Deus sentia por tantos pecados e do quanto gostaria de dar-Lhe alegria.

Capítulo 9

Treze de junho

Treze de junho, dia de Santo Antônio. Portugal inteiro estava em festa e, para que todos pudessem participar, era costume que nesse dia os rebanhos fossem levados para o pasto bem cedo e que às nove horas da manhã os animais já estivessem de volta a seus currais para que os campesinos pudessem comparecer aos festejos. A mãe e as irmãs de Lúcia já logo de manhã cedo falavam com desdém que queriam ver se Lúcia deixaria a festa de que tanto gostava para ir à Cova da Iria ver "aquela Senhora". Em seguida, combinaram de não dirigir qualquer palavra que fosse à menina, na certeza de que a caçula não manteria a suposta mentira que a faria abrir mão de algo de que tanto gostava.

Entretanto, naquele dia, Lúcia ainda estava pastoreando o rebanho da família quando seu irmão foi ao seu encontro pedindo para que voltasse para casa, pois havia várias pessoas que queriam falar com ela. Ao chegar, estavam lá homens e mulheres vindos de localidades próximas a Fátima, alguns deles tendo caminhado mais de 25 quilômetros, que tomaram conhecimento do que acontecera em 13 de maio e diziam querer acompanhar as crianças até a Cova da Iria. Foram então todos juntos à missa das oito horas e, ao retornarem à casa de Lúcia, ficaram-na esperando para que às onze se dirigissem ao local indicado.

Obedecendo então ao pedido feito por Nossa Senhora, de que fossem lá seis meses seguidos no dia 13 e no mesmo horário, Lúcia passou pela casa dos primos e assim, ansiosos pelo novo encontro e acompanhados por um grupo de cerca de sessenta pessoas, caminharam até o local marcado. Após rezarem todos juntos a oração do terço, os Pastorinhos viram aquele reflexo que se aproximava, ao qual chamavam de relâmpago, e, em seguida, Nossa Senhora, tal como fizera em maio, surgiu em cima da pequena azinheira.

Lúcia, a única interlocutora, perguntou a Nossa Senhora:[7]

"O que a Senhora deseja?"

"Quero que venhais aqui no dia 13 do mês que vem, que rezeis o terço todos os dias e que aprendam a ler. Depois direi o que quero."

Lúcia pediu então a cura de um doente, e Nossa Senhora respondeu:

"Se ele se converter, curar-se-á durante o ano."

"Queria pedir-Lhe para nos levar para o Céu."

"Sim; a Jacinta e o Francisco, levo-os em breve. Mas tu ficas cá mais algum tempo. Jesus quer servir-Se de ti para Me fazer conhecer e amar. Ele quer estabelecer no mundo a devoção ao Meu Imaculado Coração. A quem a aceita, prometer-lhe-ei a salvação, e essas almas serão amadas de Deus, como flores colocadas por Mim para enfeitar o Seu Trono."

"Fico cá sozinha?"

"Não, filha. E tu sofres muito? Não desanimes. Eu nunca te deixarei. O Meu Imaculado Coração será o teu refúgio e o caminho que te conduzirá até Deus."

Após dizer essas últimas palavras, Nossa Senhora, pela segunda vez, abriu as mãos e delas saiu um facho de luz. Nesse reflexo, Lúcia descreveu que os três se viram submergidos em Deus. Francisco e Jacinta pareciam estar na parte da luz que se elevava ao céu enquanto ela parecia estar na parte que irradiava sobre a terra.

As crianças viram então surgir à frente da palma da mão direita de Nossa Senhora um coração cercado de espinhos que pareciam estar encravados na carne. Eles compreenderam que aquele era o Imaculado Coração de Maria, ultrajado pelos pecados da humanidade, que clamava por reparação. Apesar de Nossa Senhora não ter pedido explicitamente para que guardassem segredo, eles se sentiram movidos a não contar a ninguém a respeito daquela última imagem.

Quando Nossa Senhora perguntou a Lúcia se ela sofria muito, a pequena pastora sentiu-se compreendida pela Virgem, tendo em vista que desde a primeira aparição, quando o ocorrido se espalhara pela vizinhança, ela passara a enfrentar momentos tristes que a faziam chorar por não ter mais o carinho, os afagos e a predileção de sua família, passando a ser tratada até mesmo com desprezo por eles, o que de fato representava um grande sofrimento para uma menina de apenas dez anos, acostumada a ser a filha predileta.

Talvez pelo fato de nada ouvir, Francisco mostrou-se muito impressionado com o reflexo que saía das mãos de Nossa Senhora, justamente no momento em que a Virgem declarou que o Imaculado Coração de Maria seria o refúgio que os conduziria até Deus. Após a segunda aparição, Francisco comentava que as pessoas ficavam contentes só de saber que Nossa Senhora lhes havia pedido que rezassem o terço e que aprendessem a ler, mas ficariam realmente impressionadas se soubessem que ela havia mostrado Seu Imaculado Coração, envolto por uma luz imensa.

Fátima 63

Capítulo 10

Treze de julho

É fato que a palavra segredo promove o conceito de mistério e exclusividade, trazendo em si a ideia de algo novo, despertando variados interesses, ainda mais quando se trata de um "segredo revelado por Nossa Senhora". E foi assim, com essa simples palavra, que a curiosidade foi instigada, gerando uma preocupação com o assunto, que acabou chegando ao governo português. Todos queriam saber qual era aquele Segredo. Essa palavra é tão forte que até hoje há várias pessoas que se questionam se este realmente foi revelado, como veremos mais adiante. Contudo, essa especulação se espalhou como rastilho de pólvora, o que só fez aumentar a quantidade de pessoas curiosas pelo Segredo e para conhecer as tais crianças agraciadas com tamanha revelação.

No dia 12 de julho, véspera do dia anunciado por Nossa Senhora para sua terceira aparição, já pela tardinha, mais pessoas vindas de vários lugares começaram a se aglomerar em frente à casa dos Três Pastorinhos no intuito de presenciar o acontecimento. Isso trazia grande aflição às crianças, que não tinham mais sossego com toda aquela gente querendo tocá-las como se fossem uma espécie de amuleto ou tentando a todo custo saber o que havia de fato acontecido.

Ao ver tantas pessoas à sua espera, Lúcia, que já demonstrava sentir-se sem forças pela pressão que vinha de todos os lados, decidiu esconder-se num matagal localizado na propriedade de um vizinho. Ao voltar para casa, a mãe lhe chamou de "santinha do pau oco" por certamente estar brincando em vez de trabalhar pastoreando o rebanho da família. A mulher, entretanto, nada sabia das inquietações da filha e perseguia novamente a menina. Por isso, Lúcia procurou os primos e lhes contou que estava resoluta em não ir à Cova da Iria no dia seguinte. Se a Senhora perguntasse por ela, era para dizerem que ela tinha medo que a aparição fosse, na verdade, um demônio. Lúcia deixou Francisco e Jacinta um tanto surpresos com sua decisão e ouviu que eles iriam de qualquer jeito, pois "aquela Senhora" assim havia determinado.

Lúcia contou mais tarde que, no dia seguinte, o aguardado dia 13, próximo à hora de se encaminharem à Cova da Iria, ela sentiu uma força estranha que a impelia a ir e que a fez não resistir àquele chamado. Pôs-se então a caminho e, ao chegar na casa dos primos, encontrou-os de joelhos ao pé da cama. Jacinta chorava pela ausência de Lúcia, que logo lhes comunicou que havia mudado de ideia, acalmando os ânimos das crianças mais novas. E, assim, foram para a Cova da Iria, caminhando com dificuldade graças à imensa quantidade de gente que os seguia.

Ao chegarem junto à carrasqueira de sempre, cercados por uma multidão de cerca de 2 mil pessoas, começaram a rezar o terço até ver aquele reflexo a que chamavam de relâmpago e em seguida avistaram Nossa Senhora em cima da pequena azinheira, a quem Lúcia perguntou:

"O que a Senhora deseja?"[8]

"Quero que venham aqui no dia 13 do mês que vem, que continuem a rezar o terço todos os dias, em honra de Nossa Senhora do Rosário, para obter a paz do mundo e o fim da guerra, porque só Ela lhes poderá valer."

Lúcia faz então uma súplica: "Queria pedir-Lhe para nos dizer Quem é, para fazer um milagre para que todos acreditem que a Senhora nos aparece".

"Continuem a vir aqui todos os meses. Em outubro direi Quem sou, o que quero e farei um milagre que todos hão de ver, para acreditar."

Em seguida, Lúcia fez algumas perguntas das quais depois não conseguiu se recordar ao certo. Mencionou lembrar-se de que Nossa Senhora declarou que era preciso rezar o terço para alcançar as graças durante o ano e prosseguiu com seus ensinamentos. "Sacrificai-vos pelos pecadores e dizei muitas vezes, em especial sempre que fizerdes um sacrifício: Ó Jesus, é por Vosso amor, pela conversão dos pecadores e em reparação dos pecados cometidos contra o Imaculado Coração de Maria."

Ao fim dessas palavras, fez como nos dois meses anteriores, e aquele reflexo que saía de suas mãos dessa vez pareceu penetrar na terra, e as crianças avistaram algo que descreveram como um "mar de fogo". Viram mergulhados nesse fogo os demônios e as almas, como se fossem brasas transparentes e negras ou, como Lúcia contou, bronzeadas, com forma humana, que flutuavam no incêndio, levadas pelas chamas que delas saíam, juntamente com nuvens de fumaça que se espalhavam por todos os lados, semelhantes às fagulhas que caem de grandes incêndios, sem peso nem equilíbrio, entre gemidos de dor e desespero que os horrorizava e os fazia estremecer de pavor. Nesse momento, a multidão que estava em volta ouviu Lúcia soltar um grito de desespero.

Lúcia continua sua narrativa dizendo que os demônios distinguiam-se por formas horríveis e asquerosas de animais espantosos e desconhecidos, escuros como carvão em brasa. Assustados e como que a pedir socorro, levantaram o olhar a Nossa Senhora, que lhes disse com bondade e tristeza:[9]

"Vistes o Inferno, para onde vão as almas dos pobres pecadores. Para as salvar, Deus quer estabelecer no mundo a devoção ao Meu Imaculado Coração. Se fizerem o que Eu vos disser, salvar-se-ão muitas almas e terão paz. A guerra vai acabar. Mas, se não deixarem de ofender a Deus, no reinado de Pio XI começará outra pior. Quando virdes uma noite alumiada por uma luz desconhecida,[10] sabei que é o grande sinal que Deus vos dá de que punirá o mundo por seus crimes por meio da guerra, da fome e de perseguições à Igreja e ao Santo Padre. Para impedir isto, virei pedir a consagração da Rússia ao Meu Imaculado Coração e a Comunhão reparadora nos primeiros sábados. Se atenderem aos Meus pedidos, a Rússia se converterá e terão paz; se não, espalhará seus erros pelo mundo, promovendo guerras e perseguições à Igreja. Os bons serão martirizados, o Santo Padre terá muito o que sofrer, várias nações serão aniquiladas. Por fim, o Meu Imaculado Coração triunfará. O Santo Padre consagrar-Me-á a Rússia, que se converterá, e será concedido ao mundo algum tempo de paz. Em Portugal se conservará sempre o dogma da Fé. Isto não digais a ninguém. Ao Francisco, sim, podeis dizê-lo. Quando rezais o terço, dizei, depois de cada mistério: Ó meu Jesus, perdoai-nos, livrai-nos do fogo do Inferno; levai as almas todas para o Céu, principalmente aquelas que mais precisarem."

Seguiu-se um instante de silêncio, após o qual Lúcia perguntou:

"A Senhora não deseja mais nada?"

"Não. Hoje não te quero mais nada."

E, como de costume, Nossa Senhora se elevou em direção ao nascente até desaparecer.

Foi nessa aparição que pela primeira vez Nossa Senhora, apesar de não ter dito propriamente a palavra "segredo", pediu que os três nada revelassem, ao pronunciar a frase: "Isto não digais a ninguém"[11].

A partir desse dia, a todos que perguntavam o que Nossa Senhora falara, os Pastorinhos diziam que era segredo. Quando alguém insistia, querendo saber o motivo de tanto mistério, os três abaixavam a cabeça, encolhiam os ombros, ficavam em silêncio e nada revelavam. Agiam assim pois continuavam sentindo em seus corações a vontade de guardar apenas para si tais revelações e principalmente porque afirmavam que aquele havia sido um pedido de Nossa Senhora.

A visão do inferno certamente causou uma impressão profunda em Lúcia, Jacinta e Francisco e é bastante provável que tenha sido decisiva para que eles fizessem intensos sacrifícios apesar de ainda serem tão novos.

Os acontecimentos na Cova da Iria repercutiram depressa não apenas na imprensa local como na de todo o país. A aparição de julho ganhou espaço até mesmo no popular jornal lisboeta *O Século*, que publicou uma série de reportagens sobre os boatos que arrastavam uma multidão para lá. O número de peregrinos era tão grande que chegava a esgotar as possibilidades de transporte existentes em Torres Novas e obrigava diversos estabelecimentos comerciais a fechar as portas.

Nos dias que se seguiram, Jacinta mostrava-se preocupada a respeito de como fariam os tais sacrifícios pedidos por Nossa Senhora. Francisco então sugeriu que dessem seus lanches às ovelhas, e assim passaram dias inteiros em jejum. Entretanto, mesmo após fazerem esses sacrifícios, Jacinta continuava preocupada com a visão que tiveram do Inferno e principalmente com o fato de aquela danação ser eterna. Causou-lhe uma forte impressão entender que aquele estado deplorável se manteria para todo o sempre, que o sofrimento ali infligido jamais passaria. Assim, ela insistia para que muitos sacrifícios fossem realizados, conforme lhes havia pedido Nossa Senhora, no intuito de livrar o maior número possível de almas de um destino tão tenebroso.

Francisco pareceu ser o que menos se impressionou com aquela visão. Mesmo diante de imagens tão horrendas, o que lhe afetou mais foi o poder divino que emanava da luz projetada pelas mãos de Nossa Senhora e que os protegeu de todo aquele fogo, não os deixando queimar. Ao mesmo tempo, continuava preocupado em como iria consolar a Deus, que se mostrava tão triste.

Já Lúcia, nessa terceira aparição, teve a graça de sentir desvanecerem as nuvens que encobriam sua alma. Entretanto, as acusações de mentira e as palmadas dadas por sua mãe, Maria Rosa, eram cada vez mais intensas, e, como consequência, no dia seguinte a mulher levou sua filha novamente ao pároco, para mais um interrogatório. Cabe ressaltar que, antes das aparições, Maria Rosa era uma mulher amorosa com a família e que sempre fora respeitada pela comunidade. Ajudava constantemente os doentes, muitas vezes levando-os para sua própria casa, e era de uma moral extremamente reta, obedecendo fielmente aos preceitos da Igreja. Com as aparições, sua vida mudou radicalmente, e os problemas começaram a surgir.

A Cova da Iria, como mencionado, pertencia aos pais de Lúcia. Era um terreno bastante fértil, onde eram cultivados legumes e hortaliças. Em sua encosta, possuía oliveiras, azinheiras e carvalhos. Com o grande afluxo de gente para o local, a família não pôde mais cultivar nada, já que tudo estragava ou era pisoteado pela multidão ou devorado pelos animais que transportavam toda aquela gente, o que fez com que os meios de subsistência da família se tornassem parcos. O pai, muito desgostoso com essa situação e por ter perdido alguns dos seus terrenos, vez por outra se entregava ao álcool. Com isso, precisaram enviar suas duas outras filhas Glória e Carolina para trabalhar fora de casa e assim diminuir a quantidade de pessoas que precisavam sustentar, já que houve a coincidência de, nessa mesma época, duas filhas mais velhas também deixarem a casa para se casar. Para completar a penúria da família, como estavam em período de guerra, o filho que gozava de boa saúde e completara a maioridade estava prestes a ser convocado. Até mesmo o rebanho precisou ser vendido. Toda essa situação levou Maria Rosa, que já sofria de sérios problemas de saúde, a se tornar uma mulher amargurada. Não é de se estranhar que se comportasse de forma tão austera com Lúcia, desejando ouvir a sua própria verdade, como se pudesse recuperar a vida tranquila de outrora.

Passados não muitos dias, os pais dos Pastorinhos receberam das autoridades locais uma ordem para que comparecessem juntamente com seus filhos à administração regional, situada em Vila Nova de Ourém. Os pais de Francisco e Jacinta disseram que iriam, mas se recusavam a levar os filhos, alegando serem muito novos para comparecer a um tribunal, além de o difícil trajeto de quinze quilômetros até lá ser muito exaustivo para crianças tão pequenas. Já os pais de Lúcia pensavam justamente o contrário, já que a suposta invenção da filha lhes causava tanto transtorno.

Assim, no dia seguinte pela manhã, Lúcia, os pais e os tios encaminharam-se para a administração. A menina foi montada em uma burrinha, da qual caiu três vezes. Na administração, Lúcia, na presença dos que a acompanhavam, de outros senhores desconhecidos e do administrador, passou por um longo interrogatório. A todo o custo, o administrador, Arthur de Oliveira Santos, queria forçá-la a revelar o Segredo contado por Nossa Senhora e que a menina prometesse não ir mais à Cova da Iria. Chegou até mesmo a dizer que conseguiria arrancar o tal Segredo dela, nem que para isso precisasse tirar sua vida. É preciso ter em mente que aquelas eram pessoas muito simples no início do século, praticamente sem instrução e que tinham pelas autoridades um respeito tão grande que beirava o medo.

Enquanto isso, em Fátima, Francisco e Jacinta, que lá ficaram, sofriam com o interrogatório da prima, julgando que não mais a veriam, pois tinham o receio de que Lúcia fosse presa ou até mesmo morta. Porém, mal sabiam eles o que os aguardava na próxima aparição.

Capítulo 11

Treze de agosto

O dia raiava mais uma vez em Valinhos. Aquela aldeia até então pacata, com poucas casas, onde viviam pessoas simples, que plantavam e criavam animais para seu sustento, teria amanhecido como nos outros dias se não fosse pelo fato de ser 13 de agosto de 1917. A aldeia onde os Pastorinhos moravam já estava lotada de gente que escutara falar sobre as aparições e tinha vindo de diversas regiões para se reunir na Cova da Iria. Muitas delas chegaram na véspera, com medo de não conseguir presenciar aquele acontecimento. Na tentativa de serem agraciadas com a visão da mãe de Deus ou de terem algum pedido atendido, faziam vigília, e a todo custo buscavam meios de se aproximar de Lúcia, Francisco e Jacinta.

Os Pastorinhos não tinham sossego, pois todos queriam vê-los ou, de alguma forma, tirar proveito da situação — uns desejavam tocar nas crianças tão especiais, outros faziam pedidos à espera de um milagre —, enquanto que havia também os curiosos, que não se cansavam de fazer perguntas. Só que, naquele agosto, algo de excepcional aconteceria para tentar atrapalhar o cronograma que havia sido seguido nos meses anteriores.

Em meio a toda aquela gente que não os deixava em paz, Lúcia recebeu uma ordem vinda da parte do administrador regional para que fosse imediatamente à casa de seus tios. Ao chegar lá, acompanhada do pai, avistou um oficial de justiça, que os convocou para que fossem, junto com Francisco e Jacinta, à casa do prior de Fátima para responder a algumas perguntas. Para lá se dirigiram as crianças, acompanhadas de seus pais, e ficaram à espera. Após algum tempo, o administrador apareceu insistindo para que entrassem em seu carro, alegando que assim chegariam mais rápido à Cova da Iria, já que ficariam livres do assédio de todo aquele povo. Após o consentimento dos pais, as crianças subiram no carro com o administrador que, traiçoeiramente, após dar uma volta em torno da igreja, tomou a direção de Ourém. Quando Lúcia observou que estavam indo para o lado errado, Arthur os enganou mais uma vez, dizendo que iriam à casa do prior de Vila Nova de Ourém e que retornariam a tempo, porque "voltariam de automóvel".

Ao chegarem a Ourém, os três primos foram trancados num dos quartos da casa do administrador, que lhes informou que só sairiam de lá quando revelassem o Segredo que a Senhora lhes havia confiado. No dia seguinte, após serem interrogados por uma mulher, foram conduzidos à administração para um novo interrogatório, em que chegaram até a lhes oferecer ouro em troca da divulgação do Segredo. Como nada conseguiram, retornaram com as crianças à casa do administrador e à tarde, pela terceira vez consecutiva, as crianças foram interrogadas. Porém, diante de tanto silêncio, sem a menor piedade, o administrador conduziu as crianças à cadeia de Ourém. Os primos ficaram apavorados. Eram crianças ainda muito novas e inocentes, que nunca sequer haviam saído de Fátima e que foram encarceradas com adultos criminosos.

A pequenina Jacinta, inconsolável, só chorava, sentindo-se abandonada pelos pais. Já Francisco, um pouco mais forte, tentava animar a irmã, dizendo, com os olhos e as mãos erguidas ao céu: "Não chores, oferecemos a Jesus pelos pecadores"[12] e, de forma bastante madura para um menino de apenas nove anos, continuou: "A mãe, se não a voltarmos a ver, paciência! Nós nos oferecemos pela conversão dos pecadores. O pior é se Nossa Senhora não voltar mais! Isso é que mais me custa!".

Essas palavras animaram Jacinta, que, segundo o relato de Lúcia, ainda com lágrimas nos olhos, aproveitou para pedir pelo papa e também pela reparação aos pecados cometidos contra o Imaculado Coração de Maria.

Como não conseguia a tão desejada revelação do Segredo, o administrador resolveu intensificar as ameaças e vociferou para que um de seus funcionários preparasse uma caldeira com azeite quente para poder fritá-los vivos. Jacinta, sofrendo e com a face banhada em lágrimas, só se preocupava com o fato de nunca mais voltar a ver seus pais, ao que Lúcia perguntou se não deseja oferecer também aquele sacrifício pela conversão dos pecadores. E assim os três o fizeram. Até os criminosos que se encontravam na mesma cela demonstraram comoção com aquela cena e pediram às crianças que terminassem com tanto sofrimento contando logo o tal Segredo. Elas, entretanto, mantinham-se surpreendentemente firmes, afirmando que preferiam morrer a ter que revelá-lo. Segundo relatos, nessa ocasião a criança que mais impressionava os presentes era Francisco, que não demonstrava nenhum temor pela morte em si, mas sim pela possiblidade de não voltarem a ver Nossa Senhora, chegando a pensar que talvez Ela tivesse ficado triste por eles não terem ido à Cova da Iria.

Os primos decidiram então que estava na hora de rezarem o terço. Jacinta, ao avistar um prego na parede da cela, tirou de seu pescoço um cordão com uma medalha e ali o pendurou. De joelhos, eles começaram a oração. Os presos, diante daquela imagem, também se ajoelharam e tentaram acompanhá-los. Francisco, ao ver que um deles, mesmo de joelhos, estava com a cabeça coberta, repreendeu-o, dizendo que, se desejava rezar, teria que tirar a boina. O homem, sem pensar duas vezes, obedeceu imediatamente e entregou o chapéu àquele menino tão pequeno, numa atitude de respeito.

Logo veio um homem chamar Jacinta, dizendo que seria a primeira a ser queimada. Prontamente, ela o seguiu, e após o interrogatório colocaram-na numa outra sala. Nesse momento de grande aflição, Francisco, numa postura de oração, começou a rezar uma ave-maria para que sua irmã não tivesse medo e só dizia: "Se nos matarem, como dizem, daqui a pouco estaremos no Céu! Mas que bom! Não me importa nada!"[13], e em seguida foi a sua vez. Disseram-lhe que a irmã já havia queimado no azeite fervente e que ele teria o mesmo destino se não contasse o que queriam saber. Após também nada revelar no interrogatório, foi encaminhado à sala onde estava Jacinta, e que alegria não foi reencontrar sua irmã viva! Por fim, foi a vez de Lúcia, que, mesmo depois de ouvir que seus primos já estavam mortos e dando esse fato como certo, não se intimidou. Mantendo o mesmo silêncio de Jacinta e Francisco, acabou também sendo levada para junto de seus primos, sentindo a mesma alegria por estarem vivos e reunidos; só que novamente ouviram do homem que os conduziu que não foi daquela vez, mas que não tardariam a ir os três para a caldeira de óleo fervente. Os presos, compadecidos por toda aquela crueldade com crianças tão pequenas, tentaram distraí-las, cantando e tocando uma sanfona que um deles carregava sempre consigo. E até Jacinta, a que mais chorava, acabou bailando no colo dum ladrão. Quando anoiteceu, os três foram levados de volta para a casa do administrador, passando por novos e incansáveis interrogatórios pela manhã e à tarde, repletos de promessas e ameaças.

Enquanto isso, na Cova da Iria, todos que lá estavam não arredaram o pé e, mesmo sem a presença dos videntes, aguardaram o momento tão especial. Conforme relatos de várias testemunhas que lá estavam, por volta de meio-dia ouviu-se um estrondo e, em cima da carrasqueira, surgiu uma espécie de fumaça.[14] Os fenômenos aconteceram exatamente no mesmo horário e local que nos meses anteriores.

Mas, retornando a Ourém, após três intermináveis e exaustivos dias de inquirições e sem nada conseguir, o administrador enfim decidiu devolver as crianças às suas famílias, deixando-as na residência do prior de Fátima.

Contudo, Nossa Senhora não desapontaria aqueles Três Pastorinhos e poucos dias após retornarem da cadeia de Vila Nova de Ourém, mais precisamente em 19 de agosto, finalmente se deu a quarta aparição.

Era final de tarde, Lúcia, Francisco e João, irmão do menino, estavam no Valinhos pastoreando as poucas ovelhas que ainda não haviam sido vendidas, enquanto Jacinta permanecia em casa com seus pais. De repente, Lúcia e Francisco perceberam a mesma atmosfera sobrenatural que sempre alegavam sentir quando Nossa Senhora estava por perto. Suspeitando de que ela estava para aparecer, sentiram pena de Jacinta por não estar presente e pediram a João que fosse correndo chamá-la. Como o menino disse que não iria, Lúcia teve a ideia de oferecer-lhe dois vinténs, o que surtiu efeito, e João pôs-se a correr na maior velocidade que podia. Num instante depois, após a chegada de Jacinta, os três viram o relâmpago, e Nossa Senhora apareceu sobre a carrasqueira.

Ao avistá-la, mais uma vez, Lúcia perguntou:[15]

"O que é que a Senhora deseja?"

"Quero que continueis a ir à Cova da Iria no dia 13", declarou Nossa Senhora. "Que continueis a rezar o terço todos os dias.

No último mês, farei o milagre, para que todos acreditem."

"O que a Senhora quer que façamos com o dinheiro que o povo deixa na Cova da Iria?"

"Façam dois andores: um, leva-o tu com a Jacinta e mais duas meninas vestidas de branco; o outro, que o leve Francisco com mais três meninos. Os andores são para a festa de Nossa Senhora do Rosário, e o que sobrar é para a ajuda duma capela que hão de mandar fazer."

"Queria pedir-Lhe a cura de alguns doentes", intercedeu Lúcia.

"Sim; alguns curarei durante o ano." E, segundo Lúcia, Nossa Senhora, com uma expressão mais triste, continuou: "Rezai, rezai muito e fazei sacrifícios pelos pecadores, que vão muitas almas para o Inferno por não haver quem se sacrifique e peça por elas".

Logo em seguida, como de costume, Nossa Senhora começou a se elevar até desaparecer em direção ao nascente.

Francisco, Jacinta e Lúcia não mediram esforços para atender ao pedido reforçado mais uma vez por Nossa Senhora. Como se já não bastassem todos os sofrimentos a que eram submetidos, buscavam novas provações, fazendo tudo o que podiam para consolar a Jesus, desagravar o Imaculado Coração de Maria, amenizar os sofrimentos do papa e rezar pela conversão dos pecadores, livrando assim o maior número possível de almas do Inferno.

Um dia, iam por uma estrada com as poucas ovelhinhas que ainda lhes restavam quando Lúcia avistou um pedaço de corda. De brincadeira, Lúcia amarrou-a no braço e, ao perceber que a corda lhe causava grande incômodo, sugeriu que a amarrassem na cintura para assim terem um novo sacrifício para oferecer a Deus. Os primos prontamente concordaram e em seguida, batendo-a entre as quinas de duas pedras, partiram a corda em três pedaços. Seja pela aspereza e grossura ou porque os apertava bem firme na cintura, o fato é que aquela corda fazia que eles sofressem horrivelmente, a ponto de sangrar. E quando Lúcia via Jacinta derramar lágrimas de dor e pedia que a prima mais nova a tirasse, Jacinta mais que depressa se negava, afirmando fazer aquele sacrifício para Deus, em reparação e pela conversão dos pecadores. Assim, eles passaram a usar a corda dia e noite atada à cintura, sem contar nada a ninguém, nem mesmo aos seus pais.

Capítulo 12

Treze de setembro

Treze de setembro de 1917. Era chegado o tão aguardado momento, em que mais uma vez os Três Pastorinhos estariam frente a frente com Nossa Senhora. Jacinta, Lúcia e Francisco tomaram mais uma vez o rumo da Cova da Iria e, com grande dificuldade, caminharam pela estrada, que estava apinhada de gente que queria tocá-los e falar com eles, deixando de lado qualquer respeito, com o objetivo de alcançar o êxito em suas investidas.

Havia homens e mulheres das mais diversas idades, e muitos se aproximavam suplicando de joelhos pela intercessão de um milagre. Os que não conseguiam se achegar, gritavam de longe: "Peça a Nossa Senhora que cure meu filho aleijadinho!". Outro clamava: "Que a Santinha cure o meu filho que é cego", ou então: "Que meu marido volte para casa". E havia ainda os que rogavam: "Que me dê saúde, porque estou tuberculoso", entre muitos outros lamentos. Até do alto das árvores ou dos muros as crianças ouviam pedidos, e assim apareceram alguns homens que os ajudaram, abrindo o caminho para que conseguissem passar.

As três crianças se dirigiam lentamente ao local das aparições e, sentindo muita piedade daquelas pessoas, estendiam suas mãos a alguns, ajudavam outros a se levantar ou respondiam aos que gritavam e que, sem o menor pudor, mostravam todas as misérias da humanidade.

Por fim, chegaram à Cova da Iria e, junto com todo o povo que lá estava, cerca de 16 mil pessoas, começaram a rezar o terço. Logo depois, avistaram o tal reflexo que já conheciam bem e viram Nossa Senhora em cima da pequena azinheira. Ela lhes disse:[16]

"Continuem a rezar o terço, para alcançarem o fim da guerra. Em outubro virá também Nosso Senhor, Nossa Senhora das Dores e do Carmo, além de São José com o menino Jesus para abençoar o mundo. Deus está contente com os vossos sacrifícios, mas não quer que durmais com a corda; trazei-a só durante o dia."

E Lúcia, preocupada com as inúmeras súplicas que os três tinham escutado, olhou para Nossa Senhora e lhe rogou:

"As pessoas têm me pedido para Lhe suplicar por muitas coisas: a cura de alguns doentes, dum surdo-mudo."

E Nossa Senhora prontamente lhe disse:

"Sim, alguns curarei; outros não. Em outubro farei o milagre, para que todos acreditem."

Após pronunciar essas palavras, mais uma vez Nossa Senhora começou a elevar-se ao céu e desapareceu em direção ao nascente. E, com muita dificuldade, as três crianças retornaram às suas casas.

Os primos tentavam levar uma vida normal, mas era impossível ser tudo como antes, até mesmo porque dentro de seus corações passaram a desejar somente as coisas do Céu, fazendo de tudo para consolar a Deus e cumprir os pedidos de Nossa Senhora. Desejavam ardentemente que ela os levasse logo para o Céu e assim cessasse todos os sofrimentos. Por muitas vezes, depois de Nossa Senhora os deixar, ficavam horas de joelhos, sem forças sequer para levantar, repetindo fervorosamente as orações ensinadas por ela. Seguiam firmes em seus sacrifícios de consolar a Jesus, fazendo jejum, chegando ao ponto de não ingerirem nem mesmo água. Os intermináveis interrogatórios também continuaram, mediados por clérigos, pelas autoridades civis, por curiosos e por seus próprios familiares. Até mesmo médicos foram convocados para dar laudos a respeito da sanidade mental das crianças.

Onde moravam, havia uma mulher que fazia questão de insultar os Três Pastorinhos sempre que os via. Um dia, encontraram-na quando ela saía de uma taberna, e, como estava um pouco alcoolizada, além de insultá-los, vociferava as piores palavras que conhecia. Jacinta, em vez de revidar ou de demonstrar raiva, piedosamente voltou-se para Lúcia e Francisco com as seguintes palavras: "Temos que pedir a Nossa Senhora e oferecer-Lhe sacrifícios pela conversão desta mulher. Diz tantos pecados que, se não se confessa, vai para o Inferno"[17].

Passados alguns dias, os três pequenos brincavam na rua, em frente à casa dessa mesma mulher. No meio de sua brincadeira de correr, Jacinta lembrou que encontrariam "aquela Senhora" — como carinhosamente se referia à Virgem Santíssima — no dia seguinte e parou de imediato, pedindo que Lúcia e o irmão fizessem o mesmo e oferecessem esse sacrifício pela conversão dos pecadores. Jacinta olhou para os lados e, como não viu ninguém, levantou suas pequenas mãozinhas para o céu, fazendo assim o seu oferecimento. O que nem Jacinta nem os outros dois imaginavam é que a tal mulher que os perseguia estava escondida em sua casa e os observava por uma fresta na janela. Alguns dias depois, a mulher procurou a mãe de Lúcia e disse que aquela atitude de Jacinta a havia impressionado tanto que não necessitava de outra prova para crer na realidade dos fatos. Ela não só parou completamente de insultá-los e persegui-los, como passou a pedir constantemente que intercedessem à Nossa Senhora para que seus pecados fossem perdoados.

Outro fato que marcou a trajetória de Jacinta foi o encontro com uma pobre mulher que, de joelhos, suplicou-lhe que pedisse a Nossa Senhora para que fosse curada de uma doença terrível. Jacinta estendeu suas pequenas mãos para tentar levantá-la e, percebendo que a mulher estava muito trêmula e sem forças, ajoelhou-se ao lado da frágil criatura, pedindo que rezassem juntas três ave-marias. Após levantar-se, pediu que a mulher também se erguesse e, confiante, disse que Nossa Senhora havia de curá-la. A menina não se esqueceu daquela sofredora e sempre rezava por ela até que, certo dia, a mulher doente tornou a aparecer, só que dessa vez totalmente curada, para agradecer a Nossa Senhora pela graça alcançada.

Entre os milagres pelos quais acredita-se que Jacinta intercedeu ainda em vida houve também o de um soldado que chegou aos pés da menina, aos prantos, afirmando que havia sido convocado para lutar na Primeira Guerra. Ele estava desesperado porque sua esposa estava muito doente, de cama, e não tinha com quem deixar os três filhos pequenos. A pequena Jacinta, com o coração tomado de compaixão por ver aquele homem chorar feito uma criança, convidou-o a rezar com ela o terço e ao final da oração lhe disse: "Não chore. Nossa Senhora é tão boa! Com certeza faz-lhe a graça que lhe pede".[18] E, como sempre fazia quando se deparava com esses casos, jamais esqueceu o seu soldado, como carinhosamente passou a chamá-lo, rezando sempre por ele. Passado algum tempo, o "soldado de Jacinta" foi encontrá-la acompanhado de sua esposa e dos três filhinhos, agradecendo pelos dois milagres recebidos. Ele contou que, na véspera de embarcar para o front, teve uma febre inexplicável e com isso foi dispensado do serviço militar, e sua mulher, segundo ele, foi curada milagrosamente.

Mesmo sendo mais fechado e mais sério, com Francisco não foi diferente. Um dia Lúcia foi procurada por sua irmã Teresa, que já não morava mais com ela por ter casado. Teresa tinha uma amiga que se encontrava desesperada porque seu filho havia sido preso. Se não conseguisse comprovar sua inocência, o rapaz seria exilado ou passaria muitos anos na prisão. No caminho para a escola, Lúcia contou o caso a seus primos e Francisco na mesma hora pediu que as duas meninas fossem estudar que ele ficaria na igreja, clamando a "Jesus Escondido" essa graça. Ao fim da aula, quando voltaram a se encontrar, Francisco pediu a Lúcia que dissesse à Teresa que dentro de alguns dias o rapaz iria para casa. E, para a alegria das três crianças, pouco tempo depois o ex-detento foi encontrá-los com toda a sua família para agradecer a Nossa Senhora.

"Jesus Escondido" passou a ser o jeito carinhoso com que os três se referiam à hóstia consagrada, que, de acordo com a fé católica, é o corpo de Jesus. Os Pastorinhos começaram a utilizar essa expressão após a festa de Corpus Christi, quando, até os dias de hoje, os fiéis jogam pétalas de rosa no chão para que o sacerdote que carrega o ostensório onde se coloca a hóstia consagrada caminhe sobre elas. Como a data da festividade se aproximava, Lúcia teve a autorização de sua irmã, que ajudava na organização da festa, para que Jacinta também fosse com ela jogar pétalas sobre o caminho. No dia de Corpus Christi, por mais sinais que Lúcia fizesse do altar, Jacinta não se mexia e não jogou uma pétala sequer. Quando a celebração terminou, Lúcia perguntou por que a prima não havia feito o combinado e Jacinta lhe disse que não havia visto Jesus. Lúcia então lhe explicou que Ele estava "escondido" na hóstia consagrada. Assim, daquele dia em diante, o termo "Jesus Escondido" passou a ser usado quando os três iam à igreja rezar diante do sacrário.

Em outra ocasião, Francisco estava acamado e a irmã e a prima lhe faziam companhia quando Teresa veio avisá-los que um grande número de pessoas seguia pela estrada e que certamente estavam ali para vê-los. Enfastiados de tantos curiosos, Lúcia mais que depressa disse que iria se esconder, e Jacinta a acompanhou. Sobrou para o pobre e acamado Francisco ouvir e responder a toda aquela gente. Quando perceberam que as visitas já haviam ido embora, as meninas retornaram, e Francisco contou o que havia se passado. Disse que eram muitos e que queriam também ver as duas meninas, mas que ele havia afirmado não saber onde estavam. Os devotos haviam feitos inúmeros pedidos, incluindo uma mulher do Alqueidão — uma freguesia de Coimbra, localizada a cerca de 85 quilômetros dali — que clamara com fervor pela cura de um doente e a conversão de um pecador. Tocado por aquela súplica, Francisco disse a Jacinta e a Lúcia que elas deveriam interceder por todas as outras pessoas, pois ele iria pedir em especial por aquela senhora. Pouco depois da morte de Francisco, essa mesma mulher apareceu pedindo a Lúcia que lhe indicasse onde Francisco estava enterrado, pois precisava agradecer-lhe a graça alcançada.

Quem também retornou para agradecer pelo milagre feito por Nossa Senhora através da intercessão de Francisco foi uma família da freguesia de São Mamede. Numa das ocasiões em que a estrada que levava à Cova da Iria estava lotada, Lúcia e Jacinta foram colocadas pelos peregrinos no alto de um muro para que assim todos pudessem vê-las. Como Francisco não quis ser colocado ali, saiu caminhando desapercebido em meio aos devotos e se encostou num outro muro próximo. Sem perceber sua presença, uma mulher acompanhada pelo filho, que acreditava que não teria a oportunidade de falar com os Pastorinhos em particular, se pôs de joelhos e pediu que seu marido fosse curado e que seu filho não fosse enviado à guerra. Mais que depressa, Francisco se ajoelhou ao lado deles e começou a rezar o terço na intenção daquela senhora. Não somente a mãe e o filho rezaram o terço, como todos que estavam por perto e antes falavam sem parar. Cessaram o burburinho e também se ajoelharam para acompanhá-los na oração. E, assim, rezaram mais dois terços. Um tempo depois, a mulher, seu marido totalmente curado e o filho que não havia sido enviado à guerra voltaram a encontrar Francisco, muito gratos pelos favores que lhes haviam sido concedidos.

Quanto a Lúcia, inúmeros milagres foram realizados por sua intercessão, embora dois deles, alcançados ainda durante os meses das aparições, sejam os mais lembrados. Um deu-se quando, no decurso daquele mês de setembro, Lúcia estava em sua casa e de repente apareceu um jovem que a fez estremecer de medo. Ele era tão grande que precisava se inclinar para caber dentro da construção. Como estavam em guerra, era normal meterem medo nas crianças dizendo que um soldado alemão viria matá-las caso não obedecessem. Lúcia então julgou estar diante de um solado alemão que a levaria para ser morta. Percebendo o medo da menina, o rapaz procurou acalmá-la e, após conversar amavelmente com ela, pediu permissão a sua mãe para que Lúcia o levasse ao local das aparições e lá rezassem juntos. Apesar do consentimento de Maria Rosa, Lúcia foi pelo caminho apavorada por estar sozinha com um estranho que a qualquer momento poderia lhe fazer mal, só ficando mais calma quando pensava que, se morresse, seria bom, porque iria logo ao encontro de Deus e Nossa Senhora.

Ao chegarem à Cova da Iria, eles se ajoelharam e começaram a rezar o terço. O rapaz surpreendentemente estava ali para pedir a graça para que uma determinada moça aceitasse se casar com ele. Algum tempo depois, Lúcia estava próxima à Cova da Iria, cercada pela multidão, e foi erguida às alturas. Ela demorou um pouco até se dar conta de que estava nos braços do rapaz com pinta de soldado alemão que lá retornara, só que dessa vez acompanhado de sua sonhada esposa, para agradecer pela graça recebida.

O segundo milagre foi concedido à mãe de Lúcia, que adoeceu gravemente, a ponto de agonizar, de forma que todos os filhos se reuniram ao redor de sua cama para receberem a última benção e despedirem-se com um beijo. Como Lúcia era a mais nova, ficou por último. Quando chegou sua vez, a moribunda a abraçou fortemente e, soluçando, lhe disse que morria muito preocupada com o destino que a vida de sua caçula tomaria. Ao ver aquela cena, a irmã mais velha arrancou com brutalidade Lúcia dos braços de sua mãe e levou-a para a cozinha. Lá, proibiu-a de retornar ao quarto, dizendo que a mãe morria amargurada pelos desgostos que Lúcia estava causando. Lúcia, já tão triste por ver a mãe morrer aos poucos na sua frente, ainda tinha que suportar o peso de ser a causadora de tanta amargura. A menina se ajoelhou, apoiou a cabeça num banco e, tomada por um imenso sofrimento, que jamais havia experimentado em seus curtos dez anos de vida, ofereceu toda aquela dor como um sacrifício a Deus.

Numa última tentativa, dando o caso como perdido, as duas irmãs mais velhas de Lúcia foram atrás dela e a desafiaram: se ela realmente via Nossa Senhora, então que fosse até a Cova da Iria para pedir à Virgem que a mãe fosse curada. Caso isso acontecesse, elas atenderiam a todo e qualquer pedido feito por Nossa Senhora e então acreditariam que tudo era verdade.

Assim, a pobre menina, sem pensar duas vezes, partiu mais que depressa em direção à Cova da Iria. Como não queria ser vista, pegou alguns atalhos entre os campos e assim que chegou começou a rezar o rosário. Ao pé da azinheira onde Nossa Senhora sempre aparecia, chorando copiosamente, pediu à Virgem que curasse sua mãe. Em troca, a menina lhe fez uma promessa. Quando voltou para casa, viu que Maria Rosa já estava um pouco melhor e somente três dias depois já estava de pé, fazendo todos os serviços da casa.

E lá foram ela e as irmãs pagarem a promessa, que consistia em ir à Cova da Iria durante nove dias seguidos para rezar o rosário. Em cada um desses dias, elas desceriam a encosta de joelhos, desde a parte mais alta da estrada até a carrasqueira onde Nossa Senhora aparecia. Para finalizar, levariam no nono dia crianças pobres, oferecendo-lhes um jantar após o término das orações. Dessa forma não intencional, Lúcia criou o caminho que até hoje é feito de joelhos por milhares de penitentes no Santuário de Fátima, que cobre exatamente esse mesmo trajeto. A única diferença é que em 1917 o terreno era muito irregular, cravado de pedras, e hoje é urbanizado e demarcado com uma faixa extensa de mármore, com uma oração escrita numa placa no início do trajeto. É comovente ver até os dias de hoje muitos homens, mulheres, jovens, idosos e até famílias inteiras pagando promessas de joelhos no que se tornou conhecido como o Caminho do Peregrino. Muitos ali estão agradecendo as graças alcançadas, mas muitos também realizam penitência para atender ao pedido de Nossa Senhora e oferecer esse sacrifício pela conversão dos pecadores. O que chama atenção é que o sacrifício não é feito especificamente por um pecador determinado, e sim pelos pecadores em geral, como se Nossa Senhora distribuísse aquela graça aos que sabe que necessitam. É uma demonstração de fé comovente.

Capítulo 13

Treze de outubro

Francisco, que muitas vezes afastava-se propositalmente até mesmo da irmã e da prima para rezar sozinho, estava ansioso para a aparição de outubro graças à promessa feita por Nossa Senhora. Com tantos sacrifícios, novos interrogatórios longuíssimos e o número cada vez maior de fiéis e curiosos que os procuravam, parecia que ainda demoraria muito para o dia do encontro.

Com receio de não conseguirem presenciar a aparição, uma quantidade maior de fiéis, jornalistas e curiosos chegaram na véspera. Havia tanto automóveis quanto charretes, bicicletas, cavalos e burrinhos, todos em grande quantidade, e quem não tinha um meio de transporte ia a pé, mesmo que tivesse que enfrentar uma longa caminhada.

Os Pastorinhos estavam exaustos. Não eram resguardados em nenhum momento de todo aquele assédio. Os interrogatórios oficiais por parte da Igreja e do governo se tornavam cada vez mais frequentes, assim como as repetidas perguntas que faziam aqueles que os visitavam. Era comum caírem no sono diante dos peregrinos. Cobrados como adultos ou como se fossem seres especiais, as pessoas pareciam não levar em consideração que Lúcia, Jacinta e Francisco eram apenas crianças pequenas.

Finalmente, chegou o tão aguardado dia. Precavidos, sabendo que demorariam bem mais que o normal para chegar à Cova da Iria pela volumosa multidão que avistavam, naquele dia 13 de outubro os Pastorinhos saíram cedo de casa. Diferentemente das outras vezes, caía uma chuva torrencial, porém nem mesmo o temporal fez com que os peregrinos arredassem o pé do lugarejo. Os Três Pastorinhos caminhavam acompanhados de seus pais, que temiam pelos filhos graças a um boato que havia se espalhado nos últimos dias, segundo o qual as autoridades locais haviam armado uma bomba que explodiria junto aos videntes, bem no momento da aparição. As crianças, por sua vez, não demonstraram nenhum medo, já que consideravam melhor ir logo para o Céu.

Cenas semelhantes às ocorridas nos outros meses se repetiram ao longo de todo o caminho, só que dessa vez em proporção ainda maior. A estrada coberta de lama não era empecilho para que os peregrinos ficassem de joelhos fazendo súplicas quando os três passavam. Uns iam a pé com guarda-chuvas em punho, outros com sacos cobrindo as cabeças, se protegendo como podiam. Era algo muito tocante, uma verdadeira demonstração de fé e humildade.

Mas havia também os que ameaçavam os videntes se nada acontecesse. Alguém irritado com toda aquela chuva e vento sacudiu Lúcia, chamando-a de mentirosa e perguntando por que enganava toda aquela gente. Havia o receio da família de que algo muito ruim acontecesse caso as pessoas se sentissem ludibriadas. O clima reinante não era apenas de fé, mas também de tensão.

Além de toda a gente que estava no caminho, encontrava-se à espera das crianças na Cova da Iria uma multidão de aproximadamente 60 mil pessoas. Nunca os moradores do lugarejo haviam visto tanta gente junta. Da pequena azinheira de pouca altura que servia de pedestal para Nossa Senhora só sobrara o tronco, já que os devotos queriam sempre levar consigo uma recordação do local. Alguns que lá estavam enfeitaram o que sobrara do arbusto com fitas, ramos de outras plantas campestres e flores. Outros devotos construíram um marco feito de madeira tosca no lugar das aparições. O monumento foi chamado de Arco dos Peregrinos, composto por uma trave retangular de cerca de quatro metros de altura de onde pendiam duas lamparinas que permaneciam acesas durante a noite com uma cruz que encimava a trave. O burburinho era grande. Muitos já se encontravam rezando, todos na expectativa do que aconteceria naquele tão aguardado dia 13.

Jornalistas se misturavam ao povo para acompanhar tudo de perto e acabaram registrando muitos depoimentos e casos de milagres. Eles anotaram em seus bloquinhos a história de uma moça tuberculosa que foi curada na Cova da Iria, o relato de uma mulher com um tumor no seio que desapareceu de um dia para o outro, o caso de uma criança com a perna atrofiada que voltou ao normal, entre muitas outras narrativas. A quantidade de milagres reportados era impressionante.

Quando os Três Pastorinhos finalmente chegaram à Cova da Iria, ouviam-se cochichos de admiração. Porém, mesmo entre tantos devotos fiéis, havia também os que duvidavam e debochavam das aparições e que estavam ali apenas por diversão.

Apesar de a chuva continuar intensa, Lúcia, com uma autoridade incomum para uma menina tão nova e tímida, pediu que os presentes fechassem os guarda-chuvas para que pudessem rezar o terço. Os que estavam próximos e ouviram o pedido imediatamente lhe atenderam, enquanto os que estavam mais afastados imitavam os demais. E, assim, encharcados pela água que o céu derramava, a multidão se reuniu em oração.

Pouco depois, viu-se o clarão característico de todas as aparições. Logo em seguida, Nossa Senhora surgiu sobre a azinheira. Lúcia, como nos outros meses, lhe perguntou:[19]

"O que a Senhora deseja?"

"Quero dizer-te que façam aqui uma capela em Minha honra, que sou a Senhora do Rosário, que continuem sempre a rezar o terço todos os dias. A guerra vai acabar e os soldados voltarão em breve para suas casas."

"Eu tinha muitas coisas para Lhe pedir, se poderia curar uns doentes e converter uns pecadores."

E Nossa Senhora, como se já soubesse a quais pedidos Lúcia se referia, prontamente respondeu:

"Uns sim, outros não. É preciso que se emendem, que peçam perdão pelos seus pecados." Seu rosto se tornou mais triste e ela continuou: "Não ofendam mais a Deus, Nosso Senhor, que já está muito ofendido". Após pronunciar essas palavras, Nossa Senhora abriu as mãos, espalhando mais uma vez seu halo luminoso, e, enquanto se elevava em direção ao nascente, fez com que o reflexo da sua própria luz fosse projetado no sol. Lúcia não se conteve e, como ela mesmo depois definiu, movida por um intenso sentimento, gritou para a multidão, olhando na direção do Astro-Rei: "Olhem, lá vai Ela! Lá vai Ela!". E todos viraram o rosto para o alto.

Enquanto Nossa Senhora desaparecia na imensidão do firmamento já sem as nuvens que lá estavam momentos antes, as três crianças afirmaram ter visto ao lado do sol São José com o Menino Jesus no colo, que parecia abençoar o mundo fazendo o sinal da cruz, e Nossa Senhora vestida de branco, com um manto azul. Assim que essa imagem desapareceu, viram Jesus acompanhado de uma Virgem, que Lúcia atribuiu ser Nossa Senhora das Dores. Segundo ela, Jesus parecia abençoar o mundo da mesma forma que São José. Após essa aparição desvanecer, eles viram ainda uma representação de Nossa Senhora do Carmo. Nisso, ouviram o povo gritar em direção ao sol:

"Milagre, milagre! Maravilha, maravilha!"[20]

A chuva parou como que por encanto e os que teimavam em deixar os guarda-chuvas abertos por fim os fecharam. Todos sentiram calor, como se houvessem entrado numa estufa, e podiam olhar diretamente para o sol, que naquele momento estava forte e brilhante, sem sentir qualquer tipo de incômodo. As roupas das pessoas e tudo ao seu redor secaram imediatamente.

Na sequência, o sol começou a rodopiar loucamente, girando sobre si mesmo. A atmosfera mudou de cor, assumindo uma tonalidade arroxeada e fazendo com que tudo em volta também assumisse a mesma cor. Logo depois, a atmosfera tornou-se amarelada, tanto aquilo que estava próximo quanto o que se encontrava mais distante. O próprio sol assumiu novas tonalidades.

E aquela multidão, pasma ao olhar para o céu, como que hipnotizada, viu o sol ficar vermelho e crescer rapidamente, como se o Astro-Rei se desprendesse do firmamento e fosse em direção à Terra para esmagá-los com seu peso enorme e abrasador. Ouviramse gritos de medo, muitos se ajoelharam e outros tentaram se esconder atrás de quem estava ao lado, como se fosse possível evitar o temido impacto. Entretanto, o sol logo voltou para seu lugar de sempre e ao seu tom amarelo intenso característico.

Quando o céu voltou ao normal, alguns dos presentes encontravam-se prostrados, totalmente pasmos; outros caíram em prantos, e ainda havia os que vibravam por ter presenciado algo tão único e espetacular. Emocionadas, as pessoas exclamavam que viram o sol bailar e que era o milagre prometido por Nossa Senhora.

Muitos testemunhos foram registrados e todos descreviam a mesma cena, cada um com seu próprio ponto de vista, embora todos dessem como certo que o fenômeno ali presenciado era um milagre.

Os Três Pastorinhos Lúcia, Francisco e Jacinta na época das aparições.

A casa onde Lúcia nasceu e viveu sua infância.

A Loca do Cabeço nos dias de hoje com as imagens que representam o Anjo e os Três Pastorinhos.

Fiéis presenciam o Milagre do Sol em 13 de outubro de 1917.

O quarto do orfanato onde Jacinta ficou doente.

O Fontanário de Fátima durante a festa de 13 de maio de 1928.

A Capelinha das Aparições um pouco depois de sua inauguração, ainda sem o alpendre erguido em 1982 para abrigar o grande número de fiéis que foram a Fátima para a visita de João Paulo II.

A Capelinha das Aparições em 1922, após ser dinamitada.

O atentado a João Paulo II em plena Praça de São Pedro, no Vaticano, em 13 de maio de 1981.

A coroa com a bala extraída do corpo de João Paulo II após o atentado.

A imagem da Virgem de Fátima no Santuário português.

Paulo VI visita o Santuário de Fátima em 1967.

João Paulo II pouco depois de sofrer o atentado, em 1982.

Bento XVI em 2010.

Francisco durante a comemoração do centenário das Aparições, em 2017.

Irmã Lúcia.

O Santuário de Fátima em Recife.

Trecho do Muro de Berlim em exposição no Santuário português.

Os túmulos de Jacinta e Lúcia.

O túmulo de Francisco.

A Procissão das Velas no 13 de maio de 2011.

A Capelinha das Aparições em Fátima, Portugal.

A Capelinha brasileira, localizada no bairro carioca do Recreio dos Bandeirantes.

Os Pastorinhos

CAPÍTULO 14

IRMÃ LÚCIA

*Fica sempre um pouco de perfume nas mãos que oferecem
rosas, nas mãos que sabem ser generosas.*[1]

IRMÃ LÚCIA

FILHA DE MARIA ROSA FERREIRA e António dos Santos, Lúcia era
a caçula de sete irmãos. Nasceu no dia 28 de março de 1907,
numa Quinta-Feira Santa, mas foi registrada pelo pai como se tivesse nascido no dia 22 de março, para que pudesse ser batizada
no Sábado Santo, já que o pároco só batizava nesse dia festivo as
crianças que tivessem pelo menos oito dias de nascimento devido
às muitas atividades impostas pela data. Lúcia só descobriu o
verdadeiro dia de seu nascimento quando ouviu sua mãe explicar
o ocorrido num interrogatório. A partir desse dia, passou a comemorar duas vezes o seu aniversário.

Nascida numa família numerosa e simples, sem estudo formal, mas dedicada ao trabalho. Os pais eram ricos em valores
humanos, e os filhos, desde cedo, eram ensinados a pensar nos

outros, principalmente nos mais desfavorecidos. Como a mãe auxiliava na catequese de alguns vizinhos, todos os filhos receberam desde muito novos os ensinamentos da Igreja e frequentavam a missa regularmente. Por isso, no dia 30 de maio de 1913, com apenas seis anos, Lúcia recebeu a Primeira Comunhão.

Na aparição de 13 de junho, quando Lúcia pediu para Nossa Senhora os levar logo para o Céu, recebeu como resposta que Jacinta e Francisco iriam em breve, mas que ela deveria ficar na Terra por mais algum tempo para transmitir a todos a mensagem da Virgem. Apesar da ideia parecer um tanto mórbida, não é de se estranhar que os três desejassem logo morrer, pois além de terem a certeza da existência do Céu através das aparições, estavam vivenciando a emoção de estarem perto de Deus, experimentando todo o Seu amor para com Seus filhos e, mesmo tão novos, percebiam-se preenchidos por uma rara sensação de plenitude. E, assim, Lúcia ficou esse "mais algum tempo", só que não poderia imaginar que seria por tantos e tantos anos.

Considerada por muitos como "a grande vidente de Fátima", esteve presente nas três primeiras manifestações do Anjo em 1915, nas três aparições do Anjo da Paz em 1916 e nas seis aparições de Nossa Senhora em 1917, sendo a única dos três videntes que via, ouvia e falava tanto com Nossa Senhora quanto com o Anjo. Além disso, passou seus longos anos de vida, quase 98, recebendo as visitas de Nossa Senhora, tornando-se a grande porta-voz dos desígnios da Mãe de Deus.

Em 1917, Lúcia tinha apenas dez anos. Diferente das meninas de dez anos dos dias de hoje, que têm acesso a uma vasta gama de informações, possuem estudo e vivem numa sociedade aberta e flexível, Lúcia era uma criança do início do século passado, semianalfabeta, de um lugarejo no interior de Portugal, criada nos princípios mais rigorosos, tanto morais quanto religiosos.

Se por um lado, para uma menina, estar com Nossa Senhora era algo maravilhoso, por outro, as perseguições, zombarias e o total descrédito que recebeu por parte até mesmo de sua família, assim como os exaustivos interrogatórios, foram um grande sofrimento para Lúcia.

Dessa forma, não ser mais a protegida, a pequenininha, o centro das atenções de sua casa foi algo bastante penoso. Ninguém de sua família acreditava nela, e, para piorar, como o rigor moral de sua mãe era bastante acentuado, a menina passou a ser tratada com desprezo por seus parentes mais próximos, já que sua mãe pensava que, com as supostas mentiras, sua filha estaria enganando e causando muito mal a todos. Lúcia sofreu muito com isso, mas o fez calada e, principalmente, fazendo o que afirmava ser o pedido de Nossa Senhora — dedicando todos os suplícios pelos quais passava pela conversão dos pecadores.

No período das aparições, quando o lugarejo onde ela e os primos viviam ficou repleto de devotos e curiosos, sair de casa era uma aventura, principalmente no período das últimas aparições, já que cada vez mais e mais pessoas tomavam conhecimento dos fatos. Ao percorrer o caminho de sua casa até a Cova da Iria, ela não escutava apenas lamentos, pedidos de ajuda, mas também insultos e ameaças, enquanto pessoas mal-intencionadas trombavam com ela no intuito de lhe machucar. A falta de respeito era tão grande que um dia, no meio da multidão, chegaram a lhe cortar as tranças.

Junto com os primos, realizou todos os sacrifícios possíveis. As três crianças faziam tudo o que podiam para atender ao apelo de Nossa Senhora, sempre com um sorriso nos lábios e o coração alegre.

Dois anos depois das aparições, Lúcia experimentou a dor da perda de seus primos, os seus dois principais companheiros. Com a morte de Francisco e Jacinta, ela já não tinha mais com quem partilhar seus momentos mais íntimos e preciosos e passou a ser a única detentora do Segredo. Tinha apenas doze anos e sentia-se só.

Desde o primeiro encontro com Nossa Senhora, as coisas do mundo deixaram de ter importância para ela, e, conforme crescia, a vontade de se tornar freira falava alto em seu coração, pois seu único desejo era viver em oração, bem perto de Jesus e Maria. Além disso, passou a ser a única a ser sabatinada por um número cada vez maior de pessoas, tanto por membros da Igreja quanto do governo e curiosos.

Com a vida totalmente transformada, e tendo dias maçantes, a saúde de Lúcia começou a dar sinais de fragilidade. Isso foi motivo de grande preocupação por parte do cônego Manuel Nunes Formigão, que já havia algum tempo acompanhava todo o caso. Então, com medo de que a menina tivesse o mesmo fim de seus primos e para preservá-la, o cônego achou que a melhor opção seria levá-la para um internato localizado fora de Fátima.

Mesmo com todo o desejo de Lúcia de enfim ter paz e fugir de todo o assédio que sofria, não foi uma decisão fácil. Ela ainda era muito jovem para ter que se lançar sozinha no mundo, deixando definitivamente para trás sua casa, sua família, o lugarejo onde cresceu, tudo que ali vivera como pastora e seus lugares preferidos. Dessa forma, a mudança tornou-se mais um capítulo bastante penoso na já sofrida biografia da pobre menina.

Lúcia, em meio a toda a sua aflição, foi até à Cova da Iria rezar. Lá, pediu perdão por não se sentir capaz de oferecer dessa vez esse sacrifício, e, então, segundo Lúcia contou tempos depois, a promessa que Nossa Senhora fizera na aparição de 13 de maio, de ali voltar uma sétima vez, se realizou.

De joelhos, na grade que protegia o local onde estava a carrasqueira das aparições, nesse momento de tanta angústia, Lúcia[2] descreveu sentir a mão de Nossa Senhora tocar-lhe no ombro, e com voz doce Nossa Senhora lhe disse:

"Aqui estou pela sétima vez. Vai, segue o caminho por onde o senhor bispo te quiser levar, essa é a vontade de Deus."

Assim, no dia 15 de junho de 1921, Lúcia repetiu seu "sim" e, mesmo sofrendo, continuou a obedecer aqueles que ela acreditava serem os desígnios do Senhor. Aos catorze anos, Lúcia partiu para o desconhecido. Com o coração padecendo de saudade, ela trocou definitivamente de endereço. Primeiro, foi estudar no Internato Asilo de Vilar, localizado na cidade do Porto. Ali, a madre superiora e o capelão responsáveis pelo internato decidiram mudar seu nome para Maria das Dores — um codinome bastante apropriado, aliás, evitando assim que ela fosse reconhecida pelas colegas e pela comunidade local. Essa mudança de nome fez com que Lúcia, apesar de ser uma estudante aplicada, fosse impedida de fazer as provas no internato, já que não possuía os documentos necessários para comprovar sua identidade, o que fez com que tivesse um ensino formal considerado deficitário.

Sentindo um forte desejo de entrar na vida religiosa, Lúcia começou a manifestar essa vontade ao seu confessor e à madre responsável pelo internato, tendo em seu coração o ardor de se tornar uma freira carmelita. Foi através da visão de Nossa Senhora do Carmo, na última aparição de Fátima, no dia 13 de outubro de 1917, que Lúcia começou a desejar esse caminho. Tornando-se uma freira carmelita de clausura, além de responder à inspiração de Nossa Senhora do Carmo sobre o destino que sua vida deveria tomar, estaria protegida pelas paredes do convento, dedicando-se unicamente às orações, sem ser alvo de interrogatórios e de curiosos.

Mas, como tudo em sua vida passou a ser oferecimento e entrega em troca da conversão dos pecadores, seu caminho como religiosa também não foi fácil. Devido às perseguições sofridas pela Igreja Católica por parte do governo republicano português, as Irmãs do Carmelo de Santa Teresa de Coimbra foram expulsas do país em 1910, quando houve a implantação do novo regime, o que impediu que Lúcia realizasse o seu sonho de se tornar uma carmelita. Por isso, quando completou dezoito anos, Lúcia deixou o internato e acabou sendo levada para o Convento das Irmãs de Santa Doroteia.

O noviciado da congregação estava situado na cidade espanhola de Tuy, e, quando Lúcia lá chegou, no dia 25 de outubro de 1925, as irmãs superioras não estavam bem informadas de quem ela era. Somente após a madre superiora revelar a verdadeira identidade de Lúcia, o que causou desgosto na jovem, já que queria permanecer no anonimato e ser tratada como todas as outras, é que decidiram no dia seguinte enviá-la à cidade de Pontevedra, também na Espanha, onde estava localizada uma outra casa da congregação, para que ali passasse alguns meses.

Mesmo sem entender a decisão e cada vez mais lançada ao desconhecido, Lúcia passou a viver como aspirante à freira na Congregação das Doroteias e ali continuou a ser Maria das Dores para poder melhor vivenciar o seu caminho em direção à vida religiosa. Destinada aos serviços de limpeza, cozinha ou de auxílio no refeitório, já que a postulante não possuía os exames escolares necessários para tarefas mais complexas, Lúcia, ou melhor, Maria das Dores, ia passando seus dias entre o trabalho, o convívio com as outras aspirantes e suas orações.

Foi justamente na casa das Irmãs Doroteias em Pontevedra que Lúcia teve duas importantes visões. A primeira aconteceu em seu quarto, no dia 10 de dezembro de 1925. Segundo ela, nessa aparição, Nossa Senhora veio acompanhada do Menino Jesus e, mais uma vez, tocou delicadamente o ombro direito de Lúcia, mostrando-lhe, na outra mão, o Seu Imaculado Coração cercado de espinhos. Em seguida, o Menino Jesus lhe disse:

"Tem pena do Coração da tua Mãe Santíssima, que está coberto de espinhos que os homens ingratos a todos os momentos lhe cravam, sem haver quem faça um ato de reparação para os tirar."[3]

E Nossa Senhora prosseguiu:

"Olha, minha filha, o Meu Coração cercado de espinhos, que os homens ingratos a todos os momentos me cravam com blasfêmias e ingratidões. Tu ao menos procura consolar-me e diz a todos aqueles que, durante cinco meses, no primeiro sábado, se confessarem, recebendo a Sagrada Comunhão, rezando um terço e me fazendo quinze minutos de companhia, meditando nos mistérios do rosário, com o fim de me desagravarem, que eu prometo assistir-lhes na hora da morte com todas as graças necessárias para a salvação das suas almas."

Dois meses depois, no dia 15 de fevereiro de 1926, como de costume, Lúcia estava no pátio da Casa das Doroteias, levando o lixo para fora, quando viu uma criança que parecia a mesma que uns meses atrás havia visto por ali e a quem havia perguntado se sabia rezar a ave-maria. Como o menino havia dito que sim, Lúcia pedira que então rezasse em voz alta, mas, como a criança permanecera calada, Lúcia repetira a oração três vezes, sendo então acompanhada pelo menino. Mais uma vez, a vidente pedira que ele rezasse sozinho a ave-maria e, após ele se calar novamente, Lúcia lhe havia dito para ir todos os dias à Igreja de Santa Maria e ensinara-lhe a seguinte breve oração: "Ó minha Mãe do Céu, dai-me o Vosso menino Jesus".

Ao rever a criança naquela tarde, Lúcia então lhe perguntou:

"Tens pedido o Menino Jesus à Mãe do Céu?"

Ao que a criança retrucou:

"E tu, tens espalhado, pelo mundo, aquilo que a Mãe do Céu te pediu?"

E, de acordo com as recordações de Lúcia, a criança transformou-se num garoto resplandecente, ao qual ela reconheceu ser o Menino Jesus, e então lhe disse:

FÁTIMA   105

"Meu Jesus! Vós bem sabeis o que o meu confessor me disse na carta que Vos li. Dizia que era preciso que aquela visão se repetisse, que houvesse fatos para que ela fosse acreditada, e a madre superiora, só, a espalhar este fato, nada podia."

"É verdade que a madre superiora, só, nada pode; mas, com a Minha graça, pode tudo. E basta que o teu confessor te dê licença e a tua superiora o diga, para que seja acreditado, até sem se saber a quem foi revelado."

"Mas meu confessor dizia na carta que esta devoção não fazia falta no mundo, porque já havia muitas almas que Vos recebiam aos primeiros sábados em honra de Nossa Senhora e dos quinze mistérios do rosário."

"É verdade, minha filha, que muitas almas os começam, mas poucas os acabam e as que os terminam é com o fim de receberem as graças que aí estão prometidas; e me agradam mais as que fizerem os cinco com fervor e com o fim de desagravar o Coração da Tua Mãe do Céu do que as que fizerem os quinze tíbios e indiferentes."

Lúcia confessava com regularidade e, como era obediente à hierarquia, constantemente escrevia cartas ao seu confessor narrando suas visões, buscando sempre a orientação da Igreja. Na carta em que narra a visão do menino, Lúcia desejava compreender como ela conseguiria transmitir ao mundo esse desejo de Deus.

Ainda no ano de 1926, Lúcia foi enviada pela congregação de volta à cidade de Tuy, onde iniciou seu noviciado, passando enfim a usar o hábito. Os dias se passavam, mas não sem grandes provações. A maior delas era sua vontade de trilhar seu caminho como irmã carmelita, algo que nunca conseguia, apesar de seus pedidos constantes aos superiores. Não havia um real empecilho para se tornar uma carmelita, mas, sim, uma série de desencontros que a própria vida lhe proporcionava, talvez como mais um dos muitos sacrifícios que marcaram sua trajetória e que Lúcia afirmava entregar em troca da conversão dos pecadores.

Sua vida no noviciado prosseguia com as tarefas domésticas, as dificuldades do dia a dia e sempre com muita oração. Lúcia sentia-se plena quando conseguia estar a sós e rezar da forma que o Anjo ensinara a ela e aos seus primos: de joelhos, com os braços abertos e com a fronte no chão, repetindo as orações ensinadas por ele e por Nossa Senhora. Entretanto, com o movimento do Convento das Doroteias, isso era muito difícil, o que fez com que "Maria das Dores" procurasse fazer suas preces na capela do convento nos horários menos ortodoxos possíveis.

Foi exatamente doze anos após Nossa Senhora pedir a consagração da Rússia ao Seu Imaculado Coração, na Cova da Iria, que, de acordo com o relato de Lúcia, no dia 13 de julho de 1929, na capela do Convento das Irmãs Doroteias, ela, após levantar-se da sua posição prostrada no chão enquanto rezava, viu o lugar se iluminar de forma sobrenatural. Sobre o altar surgiu uma cruz de luz que chegava até o teto, e na parte superior, que estava mais clara, havia o busto de um homem. Sobre o seu peito, surgiu uma pomba também feita de luz e, pregado na cruz, o corpo de outro homem. Um pouco abaixo da cintura viam-se, suspensos no ar, um cálice e uma imensa hóstia, da qual caíam algumas gotas de sangue que corriam pela face do Crucificado e sobre uma ferida em seu peito. Essas gotas caíam dentro do cálice.

Lúcia viu ainda sob o braço direito da cruz Nossa Senhora de Fátima com Seu Imaculado Coração na mão esquerda, só que, dessa vez, o Coração não tinha espada nem rosas, e sim espinhos e chamas. Sob o braço esquerdo da cruz, viu escrito em grandes letras, como se fossem de água cristalina, as palavras "graça" e "misericórdia".

Interiormente, Lúcia compreendeu que aquela visão era o mistério da Santíssima Trindade e ouviu de Nossa Senhora:

"É chegado o momento em que Deus pede para o Santo Padre fazer, em união com todos os bispos do mundo, a consagração da Rússia ao Meu Imaculado Coração, prometendo salvá-la por este meio. São tantas as almas que a Justiça de Deus condena por pecados contra Mim cometidos que venho pedir reparação: sacrifica-te por esta intenção e ora."[4]

Lúcia bem sabia que não dependia dela a concretização dos atos pedidos pelo Céu, pois sua função era simplesmente transmiti-los à Igreja. A ela cabia comunicar as autoridades a respeito da Mensagem e em seguida voltar ao seu silêncio habitual para rezar e sacrificar-se. E assim Lúcia fez, escrevendo diversas cartas às autoridades eclesiásticas contando o que havia sido pedido. Contudo, após vários papas realizarem diversas consagrações de forma incompleta, a única consagração aceita por Nossa Senhora foi a feita pelo papa João Paulo II no dia 25 de março de 1984.

Lúcia, além de ser a única que sabia qual era o Segredo de Nossa Senhora de Fátima, foi o instrumento usado pela Virgem para pedir a todos tanto a devoção quanto a consagração da Rússia e do mundo ao seu Imaculado Coração. Mesmo sendo tímida, sem nenhum poder financeiro e sem nenhum grande canal de divulgação, conseguiu realizar satisfatoriamente sua missão de dentro de um convento.

Ainda que vivenciasse continuamente o sobrenatural, Lúcia seguia seu cotidiano de noviça, sem nunca deixar de lado sua identidade de Maria das Dores. Numa tarde, quando estava andando na rua, apareceu um senhor que, ao perceber que ela era uma religiosa doroteia e portuguesa, perguntou se era possível ver a vidente Lúcia. Com muita naturalidade, ela respondeu que sim, caso as superioras permitissem. O senhor continuou a conversa perguntando se a vidente estava em Tuy e ouviu a resposta verdadeira de Lúcia:

"Agora não"[5].

O homem prosseguiu, insistindo que realmente gostaria de ir lá vê-la. E Lúcia, com seu bom humor costumeiro, lhe disse: "Não vale a pena. Ela é uma irmã como as outras."

"Não é bem assim, porque ela sempre viu Nossa Senhora", o homem retrucou.

E Lúcia, muito espirituosa, rebateu:

"Isso é verdade, mas olhe que é assim tal como eu..."

Dessa forma, o homem por fim se conformou e foi embora. Lúcia, por sua vez, seguiu feliz como Maria das Dores, sem mentir, mas preservando-se da curiosidade alheia.

Por ordem do então bispo de Leiria, Dom José Alves Correia da Silva, e mesmo contra sua vontade, já que era uma pessoa bastante reservada, em 1935 Lúcia começou a colocar no papel tudo que havia vivenciado desde a primeira aparição do Anjo, quando era apenas uma menina. Foi a obediência de Lúcia que proporcionou o acesso aos detalhes a respeito dos acontecimentos de Fátima, sobre a personalidade e as vidas de Francisco e Jacinta e, principalmente, foi ela que reproduziu as palavras de Nossa Senhora. Somente no ano de 1943, após o bispo tomar conhecimento do grave estado de saúde em que Lúcia se encontrava, acometida de pleurisia — inflamação na pleura, o tecido que reveste os pulmões —, ele ordenou que a então freira escrevesse sobre a terceira parte do Segredo. Não foi fácil para ela, já que havia tantos anos guardava-o a sete chaves em seu coração. Além disso, Lúcia não queria desobedecer a Nossa Senhora e tampouco ao bispo, um dilema que a deixou numa grande angústia. Contudo, após várias conversas com o seu confessor e muitos momentos de oração, ela afirmou finalmente ter recebido uma ordem de Nossa Senhora enquanto rezava na capela do convento em busca de uma resposta. A Virgem lhe disse para que fizesse como o bispo havia pedido e que, assim, escrevesse a terceira parte do Segredo. Além de dar sua permissão, Nossa Senhora pediu ainda que o Segredo, após ser colocado no papel, fosse posto num envelope devidamente lacrado e aberto somente após o ano de 1960 pelo bispo de Leiria ou pelo cardeal de Lisboa. E, por fim, a Virgem ainda lhe orientou: "Escreve o que te mandam, não porém o que te é dado entender do seu significado"[6]. Dessa forma, o Segredo estava a salvo, redigido sem nenhum tipo de interferência ou interpretação da parte da vidente.

Com a nova Constituição de 1933, foi restaurada em Portugal a liberdade religiosa, permitindo que o Carmelo e demais instituições católicas voltassem a funcionar. Assim, em 1948, Lúcia é transferida e enfim dá entrada no Carmelo de Coimbra no mesmo dia de seu nascimento, numa Quinta-Feira Santa. Após tantos anos esperando por esse momento, para ela, foi como um lindo presente de aniversário. Como é de costume modificar os nomes aos que ingressam nas ordens religiosas, passou a se chamar irmã Maria Lúcia de Jesus do Coração Imaculado.

Assim que foi conhecer sua cela — o pequeno quarto típico dos mosteiros e conventos —, Lúcia viu um quadrinho preso no alto da porta onde estava escrito: "O Meu Imaculado Coração será o teu refúgio". Eram as melhores boas-vindas que poderia receber. A cela era pequena, como é comum nesses cômodos, mas possuía uma ampla janela, por onde entrava muito sol e havia uma bela vista para o jardim localizado no meio do claustro. Lá dentro, havia uma cama, um banquinho e uma pequena estante. Havia também em uma das paredes um quadrinho de Nossa Senhora e uma cruz vazia, para lembrar às irmãs carmelitas que as orações devem ser constantes.

Ao longo dos 57 anos que passou no Carmelo, a vida de Lúcia foi marcada pela simplicidade e pela modéstia. No novo convento, ela continuou a ter vários encontros com Nossa Senhora. Quando a Virgem lhe dava algum recado, ela prontamente o transmitia para as autoridades eclesiásticas. Entretanto, nenhuma das aparições que aconteceram no Carmelo foram registradas por escrito. Mas tanto as irmãs que acompanharam Lúcia quando era apenas uma noviça como aquelas que foram suas colegas quando já havia feito seus votos perpétuos afirmavam que as celas ocupadas por Lúcia sempre tiveram algo de especial, que podia ser percebido por todos que passavam ali por perto.

Como era sempre muito discreta, Lúcia não gostava de revelar sobre as visitas de Nossa Senhora. Descrita pelas outras consagradas como sendo uma irmã de porte sempre digno, passava a maior parte do tempo recolhida em oração ou executando trabalhos cotidianos para a manutenção do convento. Era também muito alegre e comunicativa nos momentos de convívio, transparecendo sempre a normalidade e a calma próprias de uma vida feliz e tranquila.

Irmã Lúcia teve o privilégio de ter contato próximo com vários papas. O primeiro foi Paulo VI, que esteve com a vidente na celebração dos cinquenta anos das aparições, em 13 de maio de 1967. Mais tarde, em 1977, recebeu a visita do cardeal Albino Luciani, que no ano seguinte se tornaria o papa João Paulo I. Durante esse encontro, Lúcia profetizou que Luciani, que na época era patriarca de Veneza, se tornaria um dia papa, mas não imaginava que seu tempo como pontífice seria curto. De fato, ele ficou apenas 33 dias no comando da Igreja Católica, sendo encontrado morto em seus aposentos no Vaticano em 28 de setembro de 1978. De acordo com os laudos oficiais, a causa de sua morte foi um enfarto do miocárdio.

E, claro, como não é de se estranhar, principalmente após o atentado sofrido por João Paulo II, ele e Lúcia estabeleceram uma profunda amizade. O primeiro encontro foi em 1982, seguido de mais duas outras reuniões presenciais e uma extensa troca de cartas e mensagens. Por fim, em 1996, Lúcia recebeu a visita do cardeal Joseph Ratzinger, que se tornou o papa Bento XVI.

Após sua última visita a Fátima, no dia 13 de maio de 2000, onde encontrou com o papa João Paulo II pela terceira vez, ela teve a felicidade de estar presente na cerimônia de beatificação dos primos. Exatos 83 anos depois das primeiras aparições de Nossa Senhora, estava ela novamente no mesmo local, revivendo os acontecimentos que mudaram sua vida, assim como as de Francisco e Jacinta. Diante de uma esplanada lotada de fiéis, bem próxima ao papa, ouviu dos autofalantes o refrão da música que diz: "Cantemos alegres a uma só voz, Francisco e Jacinta, rogai por nós". Sem dúvida alguma, aquele foi um momento de intensa emoção para uma mulher que dedicou toda a sua vida a uma missão que move milhões de fiéis ao redor do mundo e que pôde ver reconhecida pela Igreja toda a entrega de seus primos. Após peregrinar por todos os lugares de sua infância e relembrar tudo o que vivera até então, Lúcia retornou ao Carmelo com fortes dores em uma das pernas, que se alastravam pelo pé. Apesar de desde muito jovem já ter se acostumado aos desconfortos, esse lhe parecia diferente, de forma que, como raramente acontecia, ela consentiu em receber ajuda médica. Após especialistas verificarem que o problema provinha de sua coluna, que já encontrava-se deformada, foi recomendado que ela passasse a usar uma cinta. Ao ver o objeto pela primeira vez, no seu habitual bom humor, Lúcia comentou: "Então eu me queixo do pé e o médico me manda apertar a barriga?"[7].

Mesmo com as mãos e os pés bastante deformados, refletindo a deformação em sua coluna, que lhe causava dores lancinantes, Lúcia não achava que isso era motivo para reclamações. Mesmo com 93 anos e com todos os males causados por um corpo desgastado, ela continuava demonstrando que sabia encarar as adversidades de forma leve e serena. E, assim, sempre com um sorriso no rosto, a irmã Lúcia viveu seus últimos anos.

No dia 13 de fevereiro de 2005, por volta das cinco horas da tarde, irmã Lúcia, cercada em sua cela pelas outras irmãs do Carmelo e acompanhada por um sacerdote, deixou definitivamente este mundo, indo ao encontro dos seus primos, certamente carregada pelos braços de Nossa Senhora. Após quase 98 anos, Lúcia deixou um legado de humildade e obediência, tornando-se, para os católicos, mais uma intercessora a quem podem recorrer para que leve suas súplicas a Deus.

Após dois dias de missas de corpo presente acompanhadas por uma multidão, composta tanto por religiosos quanto por leigos que foram dar o último adeus à vidente, Lúcia foi sepultada no claustro do seu tão querido Convento das Carmelitas, onde passou a maior parte de sua vida. No ano seguinte, no dia 19 de fevereiro de 2006, por fim os restos mortais daquela que deixou para trás o título de pastorinha para com muita satisfação passar a ser chamada de "irmã" retornaram definitivamente para onde tudo começou. Na Basílica de Fátima, ela foi sepultada ao lado de Jacinta, sua prima tão amada.

Após a morte de Lúcia, foi dado início ao seu processo de canonização, que encontra-se atualmente em análise, junto a vários outros processos semelhantes que tramitam pela Igreja. Contudo, tendo em vista todos os acontecimentos extraordinários que marcaram sua vida, acredita-se que seja apenas uma questão de tempo até que todas as exigências impostas pela Igreja sejam cumpridas e Lúcia seja proclamada santa.

"Quero que a minha vida seja um rastro de luz que brilha no caminho dos meus irmãos, indicando-lhes a fé, a esperança e a caridade"[8], irmã Lúcia costumava dizer. Com seu exemplo de obediência e entrega, certamente a tímida e bem-humorada freira cumpriu com primor seu propósito, tornando-se para todos, independentemente de credo ou religião, um exemplo a ser seguido.

A primeira etapa do processo para sua canonização já foi concluída e por isso irmã Lúcia recebeu o título de Bem-Aventurada.

No momento, o Vaticano aguarda a comprovação de um primeiro milagre para que ela seja proclamada beata. Para isso, todos os que acreditam terem alcançado uma graça pela intercessão de Lúcia devem comunicar ao Carmelo de Santa Teresa, justamente o Carmelo onde a irmã viveu por mais de cinquenta anos.

Os responsáveis pelo processo de canonização de Lúcia divulgaram uma oração, aprovada pela Igreja, por meio da qual os fiéis que buscam por um milagre podem pedir por sua intercessão:

Santíssima Trindade, Pai, Filho e Espírito Santo,
adoro-Vos profundamente
e Vos agradeço pelas aparições da Santíssima Virgem em Fátima
para manifestar ao mundo as riquezas do Seu Coração Imaculado.
Pelos méritos infinitos do Santíssimo Coração de Jesus
e do Coração Imaculado de Maria,
peço-Vos que, se for para Vossa maior glória e bem das nossas almas,
Vos digneis glorificar, diante da Santa Igreja, a irmã Lúcia,
pastorinha de Fátima, concedendo-nos, por Sua intercessão,
a graça que Vos pedimos. Amém.[9]

Rezar um Pai-Nosso, uma Ave-maria e um Glória.

Capítulo 15

São Francisco Marto

Francisco e Jacinta. Duas candeias que Deus acendeu para iluminar a humanidade nas suas horas mais sombrias.

Papa João Paulo ii durante a cerimônia de beatificação, 13 de maio de 2000

Olímpia de Jesus era irmã de António, pai de Lúcia. Ela foi casada com José Ferreira Rosa, que, por sua vez, era irmão da mãe de Lúcia. O casal teve dois filhos, mas Olímpia ficou viúva com apenas 26 anos. Pouco tempo depois, ela se casou com Manuel Marto, e dessa nova união nasceram sete filhos, dentre eles Francisco e Jacinta.

A família era bastante amorosa, e, como também eram unidos, rezavam juntos todas as noites. Não faltavam um domingo sequer à missa e praticavam a caridade, dando esmolas aos mais necessitados. Tinham no pai um exemplo de virtude e, de fato, Manuel Marto era considerado o homem mais sério e honesto da região. Tudo isso contribuiu para deixar uma marca indelével na vida dos irmãos, que os acompanhou por toda a existência.

Francisco nasceu no dia 11 de junho de 1908, em Aljustrel, lugarejo que pertencia à Paróquia de Fátima, e foi o sexto filho do casal. Era um menino discreto, reservado e bastante calado, não falava de si nem dos outros. De bom temperamento, com seu jeito calmo e pacífico, tinha a sensibilidade de perceber quando podia ajudar, não esperando que o pedissem. Era também travesso, sempre pregando peças nos irmãos e, por vezes, mostrava-se teimoso, precisando da interferência do pai para persuadi-lo. Apesar de alegre, não gostava de dançar. O que realmente estimava era tocar sua pequena flauta transversal, para que os outros bailassem.

Francisco não aprendeu a ler nem a escrever. No ano das aparições, havia uma escola para rapazes em Fátima, mas, como o ensino não era obrigatório, ele não foi matriculado, assim como muitos outros meninos da vizinhança, já que, seguindo a tendência do governo português da época, o professor fazia abertamente críticas duras à Igreja, o que fez com que muitas famílias católicas afastassem os filhos da escola.

Assim como no caso de Lúcia, a catequese era ensinada pela sua mãe. Seus pais eram bastante firmes na formação moral de todos os filhos tanto por meio de palavras quanto dando eles próprios o bom exemplo. Dessa forma, apesar de Francisco ter sido criado de forma disciplinada e carinhosa, sua educação foi bastante rudimentar.

Francisco era o tipo de menino que preferia ceder a ter que brigar por algo. Prova disso foi o dia em que chegou com um lenço pintado com a imagem de Nossa Senhora de Nazaré, que havia acabado de ganhar. Após mostrá-lo com grande alegria para as crianças da vizinhança, o lenço foi passado de mão em mão e em poucos instantes desapareceu, sendo encontrado um tempo depois no bolso de um dos meninos. Quando Francisco tentou pegar seu lenço de volta, o garoto insistiu que, na verdade, aquele objeto lhe pertencia, e Francisco simplesmente disse: "Deixa-o lá! A mim que me importa o lenço?"[10]. Nos jogos poucas crianças gostavam de brincar com ele, porque perdia quase sempre, mostrando ter uma atitude apática. Esse comportamento tido como extremamente pacífico deixava a prima Lúcia um pouco incomodada, como ela mesma escreveu em suas memórias.

Na aparição do Anjo, como não conseguia escutar o que era falado, perguntava, curioso, à irmã e à prima o que havia sido dito. Quando elas lhe contavam, não se envergonhava de indagar quem era o Altíssimo e o que o Anjo quisera dizer quando mencionou que os Corações de Jesus e Maria estavam atentos às suas súplicas.

Nas aparições de Nossa Senhora, quando Francisco soube que em breve iria para o Céu, mas que para isso teria que rezar muitos terços, mostrou contentamento e disse que rezaria quantos Nossa Senhora quisesse. Desde esse dia, rezava muito, o que preferia fazer afastado das outras pessoas, caminhando um pouco mais adiante da irmã e da prima.

Com sua sensibilidade, logo nas primeiras aparições Francisco passou a apresentar um comportamento contemplativo. Mesmo sem compreender muito do que era dito ou os motivos pelos quais Nossa Senhora segurava o próprio coração em uma das mãos, queria, de toda maneira, agradar a Jesus e à Virgem. As visões da Mãe de Deus que ele afirmava ter eram o suficiente para fazer com que passasse muito tempo pensativo e quieto, meditando sobre aquilo. No momento em que foram presos em Ourém, Francisco mostrou preocupação pela possibilidade de terem entristecido Nossa Senhora por não terem ido à Cova da Iria como haviam prometido. Mesmo num local tão inóspito, ainda mais para crianças, o menino revelou um comportamento corajoso, tentando animar a prima e, principalmente, a irmã. Quando via Jacinta chorando com medo de não poder ver mais a mãe deles, disse de forma bastante convicta que o problema maior era se não vissem mais a Nossa Senhora. Todos se impressionavam ao testemunhar uma conduta tão amadurecida para um menino de apenas nove anos.

Esse comportamento surgiu somente após as aparições. O que Francisco afirmava ter vivenciado com Nossa Senhora foi algo tão marcante que todo o resto perdeu o sentido. Desde a primeira aparição, ele passou a perseguir firmemente o propósito de consolar a Jesus, conforme havia lhe sido pedido.

Pela necessidade de serem alfabetizados, os Pastorinhos passaram a frequentar a escola durante o período das aparições. Apesar de serem motivo de chacota por parte dos professores, o que realmente fazia com que os três fugissem das aulas para irem à igreja era a grande necessidade que sentiam de rezar. Convicto, Francisco dizia que não valia a pena aprender a ler, já que em pouco tempo iria para o Céu.

O que mais o comovia quando eram procurados pelas pessoas era ver o sofrimento daquelas que padeciam de algum problema de saúde. Ele sempre rezava por elas e costumava repetir: "Eu não posso ver assim esta gente. Faz-me tanta pena!"[11].

Ele também não se furtava a fazer sacrifícios pela conversão dos pecadores. Fosse num sufocante dia de calor, sendo o primeiro a dar exemplo e não beber a água, ou com a corda amarrada em sua cintura ou abdicando de sua merenda. Tudo sempre com o intuito de consolar a Deus e Nossa Senhora e salvar as almas dos pecadores.

Ainda em vida, Francisco foi considerado o intercessor de alguns milagres, como o do rapaz preso injustamente e que após sua oração foi solto ou o da mulher que desejava a cura do seu marido e a graça de que o filho não fosse convocado para a guerra. Francisco realmente impressionava não só por sua seriedade, mas também pela firmeza.

Em meados de janeiro de 1919, Francisco adoeceu gravemente. Teve uma recaída da gripe espanhola, que já havia contraído antes. No período das aparições e nos anos logo a seguir, o mundo estava sendo assolado por essa pandemia, responsável pela morte de milhares de pessoas, fazendo mais vítimas que a Primeira Guerra Mundial, e que não poupou nem mesmo os que estavam em cidades tão pequenas e distantes dos grandes centros, como Fátima.

O que impressionava a todos era ver que, mesmo sofrendo em cima de uma cama, Francisco mostrava-se alegre, na expectativa de ir logo para o Céu, como Nossa Senhora havia prometido. Numa de suas visitas, Lúcia perguntou ao primo se ele estava sofrendo muito e ouviu a seguinte resposta: "Bastante, mas não importa. Sofro para consolar Nosso Senhor. E depois, daqui a pouco, vou para o Céu"[12]. Numa outra visita, quando Lúcia pediu que assim que ele chegasse no Céu falasse com Nossa Senhora para também levá-la logo, ouviu de Francisco que ele não faria isso, já que a Virgem dissera que ela teria que ficar por mais um tempo na Terra.

Há também registrado o relato de duas senhoras, que certa vez perguntaram a Francisco, quando ele ainda estava bem de saúde, o que queria ser quando crescer. Carpinteiro? Militar? Doutor? E, ao ouvirem negativas para todas as perguntas, indagaram, certas da resposta positiva: "Padre?". Ao ouvirem que ele também não queria ser padre, perguntaram então o que ele desejaria ser, e Francisco respondeu: "Não quero ser nada. Quero morrer e ir para o Céu"[13].

Na véspera de sua morte, Francisco disse a Lúcia: "Olha, estou muito mal. Já me falta pouco para ir para o Céu"[14]. Sabia que sua hora estava próxima e em momento algum esboçou qualquer tipo de medo. E, quando sua prima pediu que Francisco, ao chegar ao Céu, não se esquecesse de pedir pelos pecadores, pelo

FÁTIMA *119*

papa, por Jacinta e por ela, ouviu o menino falar: "Essas coisas pede-as a Jacinta, que eu tenho medo de me esquecer quando vir o Nosso Senhor. E depois, antes, O quero consolar"[15].

Francisco não teve tempo de fazer a Primeira Comunhão, mas, como todos já sabiam que sua hora estava muito próxima, recebeu a visita do padre, que o confessou e lhe deu a eucaristia. Aquele foi um dos seus momentos de maior alegria em toda sua vida. No dia seguinte, disse a Jacinta: "Hoje eu sou mais feliz que tu, porque tenho dentro do meu peito a Jesus Escondido. Eu vou para o Céu, mas lá vou pedir muito a Nosso Senhor e a Nossa Senhora que vos levem também para lá depressa"[16].

Já bastante debilitado pela doença, tinha a companhia constante de Lúcia e Jacinta, conversando, rezando e aproveitando seus últimos momentos juntos. Até que numa noite, Lúcia, ao despedir-se do primo, percebeu que estava ainda mais fraco. Ela disse antes de sair: "Francisco, adeus! Se fores para o Céu nesta noite, não te esqueças lá de mim, ouviste?"[17] e ele, apertando sua mão, olhou-a com lágrimas nos olhos e garantiu: "Não te esqueço não, fica descansada". E Lúcia também se emocionou.

Como a despedida estava começando a ficar muito comovente, mas também pesarosa para Lúcia, os pais de Francisco trataram logo de tirá-la do quarto, e as últimas palavras que ela dirigiu ao primo foram: "Então, adeus, Francisco. Até o Céu". E ouviu de volta: "Adeus, até o Céu".

No dia seguinte, cercado por sua família, Francisco olhou para o lado e, com um sorriso nos lábios, declarou: "Ó, minha mãe, olhe que luz tão bonita ali está na nossa janela"[18]. Era dia 4 de abril de 1919. Com quase onze anos, Francisco partiu de forma serena, sem nenhum tipo de agonia e sem soltar nem um único gemido, com um sorriso angelical no rosto.

Seus pais, entretanto, não se contiveram e começaram a chorar. Jacinta, porém, resolveu reagir com uma lucidez impressionante para uma criança e lhes disse: "Por que estão vocês a chorar, pois ele estava a rir?"[19]. Esta era a comprovação pela qual ela esperava de que seu irmão partira rumo ao Céu, onde já estaria ao lado de Nossa Senhora. No dia seguinte, Francisco foi sepultado no cemitério de Fátima.

Tendo em vista todos os milagres a ele atribuídos e a abertura do processo para a sua beatificação, as autoridades eclesiásticas ordenaram a exumação do corpo do pastorinho e seu translado para a Basílica de Fátima. Como o cemitério da região era extremamente simples, sem placas que identificassem os túmulos e sem nem mesmo registros dos sepultamentos, quem indicou o local onde Francisco havia sido enterrado foi seu pai, Manuel Marto.

No dia 17 de fevereiro de 1952, quando abriram a sepultura, os especialistas ali presentes atestaram que aqueles não poderiam ser os restos mortais de Francisco, já que o tamanho da ossada não era compatível com a de um menino de onze anos. Ao convocarem novamente Manuel Marto, ele apontou para o mesmo local onde os peritos haviam cavado, afirmando que havia sido exatamente ali que enterrara seu filho.

Os especialistas decidiram então cavar mais fundo e encontraram uma nova ossada. Ao abrirem o caixão, ouviram Manuel exclamar que aquele era o Francisco. Quando perguntaram como tinha tanta certeza, ele respondeu que as contas que estavam junto aos ossos pertenciam ao rosário de seu filho, que estava com ele quando fora sepultado. Não poderia ser diferente, já que, de acordo com os relatos de Lúcia, Nossa Senhora havia dito a Francisco que o levaria em breve para o Céu, mas que ele teria que rezar muitos terços.

Numa época em que ainda não havia a identificação através do DNA, foram justamente as contas do rosário tão rezado por Francisco que forneceram as informações necessárias para que sua ossada fosse reconhecida. E, assim, no dia 13 de março de 1952, seus restos mortais foram definitivamente transladados para a Basílica de Fátima e lá se encontram até os dias de hoje, sendo visitados por milhões de pessoas que pedem a Francisco que interceda por novos milagres ou agradecem pelas graças alcançadas.

Capítulo 16

Santa Jacinta Marto

Jacinta, a filha mais nova da família Marto, nasceu no dia 11 de março de 1910. Era uma menina viva e espontânea. Comunicativa, só se acanhava na presença de desconhecidos, que faziam com que perdesse sua naturalidade característica. Era também doce e afetuosa, e desde muito pequena já demonstrava possuir um sentido profundo de amizade. Com todas essas qualidades, tornava-se irresistível e cativava a todos ao seu redor.

Por outro lado, era suscetível e caprichosa, não apreciando nem um pouco ser contrariada. Mostrava-se também por vezes possessiva, não gostando nada que lhe tirassem o que era dela, e na menor desavença ficava aborrecida, amuada num canto, ou, como costumavam dizer na época, "amarrava o burrinho".

Era a melhor amiga de seu irmão Francisco. Onde ele estava, lá estava Jacinta também. E tinha por sua prima Lúcia uma afeição toda especial. Ela sempre procurava ficar perto da prima e, dessa forma, os três começaram a pastorear juntos.

Assim como Francisco, também recebia a catequese de sua

mãe e desde muito pequena mostrava carinho pelo Cristo Crucificado que via na igreja local e em gravuras religiosas, além de querer rezar sempre para "Jesus Escondido".

Durante as aparições, a pequena ficou impressionada com a beleza de Nossa Senhora e não se cansava de exclamar: "Ai, que Senhora tão bonita!"[20]. Também pensava muito nas palavras da Virgem, em seu pedido para que rezassem sempre o terço e fizessem sacrifícios pela salvação das almas dos pecadores. Quando, numa conversa com Lúcia, a prima lhe disse que a condenação ao Inferno era eterna, ficou bastante preocupada com as almas que para lá iam e passou a fazer com gosto todos os sacrifícios que podia por elas.

Dessa forma, Jacinta tornou-se uma grande intercessora dos pecadores. Fazia questão de dar seu lanche para as pessoas pobres que cruzavam o seu caminho, sem se importar se ficaria com fome. Muitas vezes, pegava os frutos dos carvalhos, chamados bolotas, que sabia serem bastante amargos, e propositalmente os comia, mesmo com Lúcia insistindo que aquilo era horrível e para que não o fizesse, ao que Jacinta dizia: "Pois é por amargar que o como, para converter os pecadores"[21]. Até mesmo a dança, uma atividade que lhe agradava, Jacinta abandonou, oferecendo sempre todos esses atos a Deus, como sacrifício para a conversão dos pecadores e que assim se livrassem do Inferno.

Parecia que Jacinta já sabia que o pecado da gula seria um mal nos séculos seguintes, causando uma explosão de obesidade em todo o mundo, com todas as suas consequências destrutivas. Por muitas vezes ela se recusava a comer e ficava em total jejum. Quando Lúcia insistia para que a prima comesse, ouvia a seguinte resposta: "Não. Ofereço este sacrifício pelos pecadores que comem demais"[22]. Já que existem os santos para todos os males, bem que Jacinta poderia ser considerada a intercessora dos que lutam contra a balança.

Assim como o irmão e a prima, Jacinta também apresentava um comportamento surpreendente para a sua idade; era muito nova para deliberadamente fazer tantos sacrifícios. E os que a acompanhavam de perto ficavam impressionados com sua postura e como encarava aqueles acontecimentos de forma tão séria. Não é à toa que Jacinta exerça um fascínio sobre os devotos, já que ela era a menor dos três, a mais engraçadinha, a que todos tinham vontade de colocar no colo e acarinhar.

Como a escola para as meninas de Fátima só foi inaugurada em outubro de 1918, Jacinta pouco a frequentou, pois, da mesma forma que Francisco, em vez de assistir às aulas, preferia aproveitar o tempo de vida que lhe restava em oração, atendendo ao pedido de Nossa Senhora. Ia à igreja e se escondia no púlpito para não ser incomodada pelos curiosos que não a deixavam rezar sossegada para o seu "Jesus Escondido".

Assim como Lúcia, ela também ficava incomodada com as recriminações e afrontas de todo o tipo que sofria. Os Pastorinhos eram acusados de abusar da fé das pessoas e de aliciar a ida do povo à Cova da Iria. Mas, ao contrário da prima, que sofria calada, Jacinta costumava retrucar: "Nós não obrigamos ninguém a lá ir. Quem quer vai e quem não quer não vai!"[23].

Depois que descobriu quem era o Santo Padre, mencionado por dois sacerdotes que pediram orações por ele, Jacinta passou a rezar sempre em sua intenção. Um dia, ao tirarem a sesta junto ao poço dos pais de Lúcia e com a visão que tiveram do pontífice durante a aparição de 13 de julho, Jacinta, que ficou um pouco sozinha enquanto seus primos foram procurar mel silvestre, lhes disse quando regressaram: "Eu vi o Santo Padre numa casa muito grande, de joelhos, diante de uma mesa, com as mãos na cara, a chorar. Fora da casa estava muita gente e uns atiravam-lhe pedras, outros rogavam-lhe pragas e diziam-lhe muitas palavras feias. Coitadinho do Santo Padre! Temos que pedir muito por ele!"[24].

Depois de ter a visão do papa sofrendo, a pequena pastora passou a oferecer seus sacrifícios também pelo pontífice e um dia exclamou: "Quem me dera ver o Santo Padre! Vem cá tanta gente e o Santo Padre nunca cá vem"[25]. Ela nem podia imaginar quantos papas passariam por Fátima no futuro!

Após não se conter e falar para a mãe a respeito da primeira aparição, prometeu aos seus primos nada mais dizer. E manteve sua promessa até o fim. Certa vez, uma senhora espertamente lhe lançou uma armadilha no intuito de saber o Segredo revelado por Nossa Senhora na aparição de 13 de julho. A mulher disse para a menina que a Virgem também havia lhe aparecido e contado um segredo, mas, para saber se era o mesmo que o dela, pediu que a Jacinta o revelasse. Com seu jeito esperto e vívido de sempre, a pequena retrucou: "Se Nossa Senhora lhe contou um segredo, guarde o seu, que eu guardo o meu!"[26].

Uma de suas brincadeiras preferidas era construir altares com pedrinhas ou outros materiais que encontrasse ao seu redor em honra de Nossa Senhora e depois enfeitá-los com flores. O local onde ela e o irmão realizavam essa brincadeira foi o mesmo da primeira aparição, em 13 de maio de 1917, exatamente onde, anos depois, lançaram a pedra fundamental da Basílica de Nossa Senhora de Fátima.

No fim de outubro de 1918, alguns dias após Francisco contrair a gripe espanhola, foi a vez de Jacinta ser acometida pela mesma doença, que depois, com exceção do pai, contaminou toda a família. Eles se sentiram melhor por volta do final do mês seguinte, já sendo capazes de levantar de suas camas, mas, na véspera do Natal, tanto Jacinta quanto Francisco tiveram uma recaída.

Em meados de janeiro de 1919, ainda de cama, os irmãos alegaram receber uma nova visita de Nossa Senhora, que anunciou que em breve viria buscar Francisco para levá-lo para o Céu e que Jacinta teria que ser hospitalizada, tendo que passar ainda por algumas provações antes de sua partida definitiva.

Nos meses seguintes, somente Jacinta melhorou e pôde ajudar a cuidar do irmão, ficando ao seu lado em todos os momentos de sofrimento. Após a morte de Francisco, ela teve um papel fundamental na recuperação emocional dos pais, pois, mesmo sabendo que o filho havia partido em paz, com um sorriso no rosto, na certeza de ter sido levado por Nossa Senhora, o casal ficou inconsolável. Jacinta também sofreu, sentindo falta de seu irmão, que era seu grande companheiro, porém ela estava certa de que os dois se encontrariam muito em breve.

Apenas três meses após a morte de Francisco, mais precisamente no dia 1º de julho de 1919, Jacinta de fato precisou ser internada no Hospital de Santo Agostinho, em Vila Nova de Ourém. Ali tiveram início as provações mencionadas por Nossa Senhora.

A primeira internação de Jacinta deu-se devido a uma grave infecção na pleura, por consequência da gripe espanhola. Ela ficou sozinha no hospital durante dois meses até ser liberada para voltar para casa. Durante uma das visitas que recebeu da mãe nesse período, ela lhe perguntou o que poderia fazer para que a filha se sentisse um pouco mais feliz naquele estado. Sem pensar duas vezes, Jacinta declarou que queria muito ver sua prima Lúcia, e assim aconteceu.

Lúcia foi recebida no hospital por Jacinta com um forte abraço e, após perguntar à prima acamada se sofria muito, ouviu a seguinte resposta: "Sofro sim; mas ofereço tudo pelos pecadores e para reparar o Imaculado Coração de Maria"[27]. Houve ainda uma segunda visita de Lúcia ao hospital, sobre a qual posteriormente relatou que, mesmo com todo o sofrimento a que Jacinta era submetida, a encontrou com a mesma alegria de antes por poder oferecer seus sacrifícios a Nossa Senhora.

Ao contrário do que todos esperavam, Jacinta retornou para casa com a saúde ainda mais fragilizada e, para piorar, com uma enorme e dolorosa ferida aberta em seu peito, provavelmente ocasionada pelo dreno que teve que ser colocado, que fazia com que fosse obrigada a enfrentar um penoso tratamento diário. E foi em sua casa que teve mais uma visão de Nossa Senhora, e por ela foi avisada que seria novamente internada, só que dessa vez num hospital em Lisboa, e que lá morreria sozinha. Ao ser indagada se aceitaria sofrer ainda mais para a conversão dos pecadores, Jacinta, mesmo temendo estar sem ninguém querido ao seu lado em seus momentos finais, aceitou a missão.

Pouco antes de sua partida para Lisboa, Jacinta, sabendo que não retornaria mais para casa e mesmo bastante debilitada, pediu para ir à Cova da Iria, e assim foi atendida. Ali, pôde, por alguns instantes, relembrar todos os acontecimentos e despedir-se do local que tanto amava.

No dia 21 de janeiro de 1920, por intermédio de um renomado médico oftalmologista chamado dr. Eurico Lisboa, partiu definitivamente de trem rumo a Lisboa acompanhada por sua mãe, Olímpia. A real motivação dessa ajuda dada por dr. Eurico, conhecido como um descrente, foi a de provar que na verdade o que as crianças tinham era um problema de visão, sem imaginar que acabaria se convertendo, após testemunhar todos os acontecimentos ocorridos com Jacinta enquanto era tratada naquela grande cidade.

Lá chegando, como não havia leito disponível no hospital, precisou ficar alguns dias no orfanato Nossa Senhora dos Milagres, dirigido pela madre Maria da Purificação Godinho, a quem carinhosamente passou a chamar de madrinha. Certamente não foi nada fácil encontrar um local que se disponibilizasse a receber

Jacinta, tendo em vista tratar-se de uma doença altamente contagiosa, mas graças à madre a menina encontrou um local que a acolheu com ternura.

No orfanato, Jacinta afirmou receber por diversas vezes a visita de Nossa Senhora. Mais tarde, a madre Godinho declarou que a menina de fato tinha em sua face "uma expressão radiosa, celestial", o que não era compatível com sua condição, já que Jacinta se encontrava só, longe de toda a sua família e amigos, e sua saúde definhava cada vez mais, fazendo com que experimentasse um constante estado de sofrimento. Nessas visitas, a "Branca Senhora", como a menina se referia à Virgem, sentava numa cadeira de madeira que havia ao lado de sua cama e lhe dirigia palavras de ternura e carinho. Também lhe falava dos males do mundo, dos pecados, dos castigos de Deus e da necessidade das orações e dos sacrifícios. Numa dessas ocasiões, Jacinta contou que Nossa Senhora lhe informou o dia e a hora de sua morte. Assim, a menina sabia tudo que ainda teria que sofrer e exatamente quando toda essa dor teria um fim.

Alguns dias depois, no dia 2 de fevereiro de 1920, a pastorinha foi internada em Lisboa, no Hospital Dona Estefânia. O médico que a atendeu mais tarde afirmou que a viu chegar com uma expressão em sua face de quem está passando por um grande sofrimento, e foi esse mesmo médico o responsável por sua operação de retirada das sétima e oitava costelas inflamadas do lado esquerdo e da drenagem da infecção. Como Jacinta estava muito fraca, a cirurgia precisou ser realizada apenas com anestesia local, o que aumentou muito o desconforto que sentia, já que hoje em dia se sabe que essa anestesia quando aplicada em tecido inflamado provoca um sofrimento ainda mais intenso. Por fim, mesmo com toda a intervenção médica e a drenagem do muco excretado pela infecção, Jacinta ficou com uma ferida ainda maior, do tamanho de uma mão, que lhe causava uma dor cada vez mais insuportável.

Apesar de os pais terem ido visitá-la, logo precisaram voltar para casa, já que todos os outros filhos também foram acometidos pela gripe espanhola e não tinham quem cuidasse deles.

Numa das conversas com a freira, Jacinta profetizou: "Os pecados que mais levam para o Inferno são os pecados da carne. Hão de vir umas modas que ofenderão muito a Nosso Senhor. As pessoas que servem a Deus não devem andar com a moda. A Igreja não tem modas. Nosso Senhor é sempre o mesmo. Os pecados do mundo são muito grandes. Se os homens soubessem o que é a eternidade, fariam tudo para mudar de vida. Os homens perdem-se porque não pensam na morte de Nosso Senhor e não fazem penitência".

Então, no dia 20 de fevereiro de 1920, ao sentir-se muito mal no fim da tarde, Jacinta pediu a presença de um sacerdote para receber a comunhão, afirmando que iria morrer. Chamaram às pressas o padre da Paróquia dos Anjos, que chegou ao hospital por volta das oito horas da noite e disse que retornaria no dia seguinte, já que não estava vendo nada de tão alarmante no estado da menina. Porém, às dez e meia da noite, com apenas nove anos, Jacinta partiu definitivamente, em paz e sozinha, como havia anunciado. Uma prova de que sabia exatamente o dia e a hora de sua morte foi quando, nesse mesmo dia 20, logo pela manhã, ao receber a visita do médico que a assistia, que lhe disse que voltaria no dia seguinte, a pastorinha retrucou: "Não vale a pena. Vou morrer hoje às dez horas da noite"[28]. O médico, que não acreditava em nada, voltou no dia seguinte e, como ela havia anunciado, encontrou sua cama vazia.

Embora somente a madre Godinho, que logo se dirigiu para o hospital, e o padre que fez a encomendação do corpo tenham sido avisados, no dia seguinte a notícia se espalhou rapidamente. Logo pela manhã, o pequeno caixão branco deixou o hospital e seguiu para a Igreja de Nossa Senhora dos Anjos. A urna foi colocada na sacristia até ser levada para uma sala anexa, porém ninguém imaginava a multidão que para lá se dirigia para prestar suas últimas homenagens à pastorinha. Várias dessas pessoas se ofereceram, inclusive, para arcar com todas as despesas do funeral e puseram em Jacinta um vestido branco com uma faixa azul, como se soubessem do desejo que Jacinta havia expressado, de ser enterrada com as cores da Virgem Maria.

A urna foi então aberta e colocada diante do altar da igreja. Toda aquela massa de gente que passava pela pequena se impressionava com sua expressão serena, beijando-lhe a face, tocando o terço que ela trazia nas mãos ou encostando em seu corpo objetos de devoção, tudo de forma ordeira e respeitosa.

Dessa maneira, o velório se estendeu por três dias para satisfazer a enorme quantidade de pessoas que desejavam estar perto da vidente. Durante esse período, todos que por ela passavam ficavam enternecidos com a impressão de vida desprendida de seu corpo, que manteve os lábios e a face rosados. Além disso, o perfume suave de flores exalado pelo seu corpo, percebido por inúmeros presentes, era de fato impressionante. Como podia alguém morto, já no terceiro dia de velório, além de não cheirar mal, emanar uma fragrância tão perfumada?

Outro fato marcante foi o testemunho do sacristão Álvaro Artur Moranha. Assim que o caixão deixou a igreja — ou quando entrou, já que o sacristão afirmou não se recordar ao certo do momento em que o fato se sucedeu —, ele ouviu os sinos tocarem. Surpreso, foi procurar saber quem estava na torre fazendo esse trabalho, que por sinal era uma de suas responsabilidades. Após perceber que a cancela de ferro da escada que dava acesso à torre estava trancada, constatou que não havia ninguém lá e que "os sinos tocaram por si"[29]. Considerando o ocorrido como uma prova da santidade da menina, Álvaro Artur cortou discretamente uma mecha de seu cabelo, que foi posteriormente trançada e presa por uma fita azul e branca. Só em setembro de 1982 essa relíquia foi entregue em Fátima, com um bilhete assinado e datado pelo sacristão, de 23 de fevereiro de 1920.

Apenas no dia 24 de fevereiro de 1920 o caixão foi fechado debaixo de uma forte chuva e escoltado por um numeroso cortejo, que partiu em direção ao cemitério de Vila Nova de Ourém, onde Jacinta seria sepultada.

Um pouco antes de morrer, a pastorinha ainda fez uma última profecia: "Eu voltarei a Fátima, mas somente depois de minha morte"[30]. E, de fato, no dia 12 de setembro de 1935, seus restos mortais foram exumados e transladados para Fátima, onde repousam até hoje ao lado de sua prima Lúcia e do seu irmão Francisco, cumprindo-se dessa forma o que ela já havia anunciado.

Mesmo durante a exumação de seu corpo, mais uma vez Jacinta surpreendeu a todos. Ao abrirem o caixão, quinze anos após sua morte, todos os presentes se depararam com seu rosto intacto, como se ela houvesse acabado de falecer. A incorruptibilidade do corpo da menina deixou inclusive sua prima Lúcia admirada após vê-la através de fotos enviadas pelo bispo.

O orfanato onde Jacinta ficou por treze dias em Lisboa, de 21 de janeiro a 2 de fevereiro de 1920, não existe mais e transformou-se no Mosteiro do Imaculado Coração de Maria, das Irmãs Clarissas. Apesar de ser um mosteiro de clausura, todos os que desejarem podem ir lá conhecer o pequeno quarto que hospedou a vidente. O discreto mosteiro contém o nome das irmãs apenas na campainha e num sucinto painel de azulejos no alto do pequeno edifício e para visitá-lo basta ir à Rua Estrela, número 17, tocar o interfone e uma das irmãs estará disponível para apresentar o quarto tão especial.

Quanto à cadeira na qual, segundo as visões de Jacinta, Nossa Senhora se sentava durante suas visitas nesse orfanato, teve suas pernas cortadas para que ninguém nela sentasse mais, conforme pedido pela menina. O quarto que abrigou a pastorinha, assim como sua cama e a cadeira baixinha, de curiosas pernas encurtadas, encontram-se exatamente no mesmo local. Até mesmo a lamparina de luz fraca que iluminava o quarto quando Jacinta o ocupava foi preservada, fazendo com que os peregrinos que lá forem possam ter uma sensação mais real dos acontecimentos que envolveram os últimos dias da pastorinha. Dessa forma, o Mosteiro do Imaculado Coração de Maria tornou-se mais um ponto de visitação para todos os que vão a Portugal em busca dos locais que marcaram as aparições de Nossa Senhora de Fátima e as vidas de Lúcia, Francisco e Jacinta.

Capítulo 17

Um longo caminho para a santidade

De acordo com a doutrina católica, os santos são todos aqueles que estão no Céu, diante de Deus. Mas, para que uma pessoa seja reconhecida como santa pelos homens, a Igreja Católica determinou diversas normas e quesitos que, obrigatoriamente, precisam ser atendidos. Essa é uma questão tão séria para a Igreja que existe um conselho específico dedicado apenas a esse assunto, chamado de Congregação para as Causas dos Santos, ou *Sanctorum Mater*, como a instituição é chamada pelo clero.

Quando um nome é aceito para a abertura de um processo, para que um dia possa vir a ser proclamado santo, essa pessoa passa a ser considerada um Servo de Deus e tem nomeado um postulador, ou seja, um responsável por pesquisar a fundo sua vida. Esse responsável verificará em primeiro lugar as virtudes ou o martírio do nome apontado.

Essa constitui a etapa mais demorada, porque o postulador investigará minuciosamente a vida do Servo de Deus, verificando profundamente a vivência das virtudes. Já no caso de um martírio, serão estudadas as circunstâncias que envolveram sua morte, para comprovar se realmente assim pode ser considerado. Ao término desse processo, a pessoa passa a ser chamada de Venerável.

O próximo passo é o da beatificação. Para se tornar um Beato, é necessário que haja um milagre, comprovado cientificamente, ocorrido pela sua intercessão. No caso dos mártires, não há a necessidade de haver milagres, uma vez que seu testemunho de fé se deu com sua própria vida.

Por fim, o último passo é a canonização. Aqui é preciso haver mais uma vez a comprovação científica de um novo milagre, ocorrido em decorrência da intercessão do Beato em questão. Dessa forma, ele passa a ser considerado Santo, tendo, desse momento em diante, um culto de veneração universal.

A canonização de crianças na Igreja é rara, principalmente tratando-se de uma não mártir. Mas, tendo em vista tudo que se passou com Jacinta, além do seu exemplo de virtude, a Igreja não só abriu uma exceção, como modificou em seus documentos a idade exigida para o processo. Assim, além de ser a criança não mártir mais nova a tornar-se Santa, com apenas nove anos, Jacinta acarretou uma mudança importante para o processo de canonização. Cabe ressaltar que, por terem morrido com uma diferença de menos de um ano, os processos dos irmãos foram abertos em conjunto e os pedidos para os milagres foram feitos simultaneamente aos pastorinhos Francisco e Jacinta.

Em 1945 há o registro da primeira carta enviada pelo bispo de Leiria, Dom José Alves Correia da Silva, ao cardeal-patriarca de Lisboa, Dom Manuel Gonçalves Cerejeira, tratando sobre o processo de canonização dos irmãos. Mas este só teve definitivamente início em 1960, com a nomeação do padre Luís Kondor como postulador.

É importante destacar que muitos milagres já eram atribuídos aos irmãos, lembrando que alguns deles foram, inclusive, realizados enquanto Jacinta e Francisco ainda eram vivos. Mas, para que não restem dúvidas, a Igreja exige que os milagres responsáveis pelo título de santidade sejam comprovados cientificamente, por meio de laudos, exames e testemunhos de vários médicos e outros profissionais competentes.

Vários milagres atribuídos à intercessão dos irmãos foram minuciosamente pesquisados pela Congregação até serem aceitos pela Igreja. O primeiro deles, que os tornou Beatos, foi o concedido à Maria Emília Santos, uma jovem portuguesa que em 1946, com apenas dezesseis anos, começou a ter dificuldades para andar devido a uma febre reumática. Dois anos depois, foi operada para aliviar as fortes dores que sentia nas pernas devido a uma inflamação na coluna vertebral, provavelmente de origem tuberculosa. A cirurgia, entretanto, não obteve nenhum êxito. Com o passar do tempo, seu estado de saúde se agravava cada vez mais. Dez anos depois desse procedimento, Maria Emília passou por nova cirurgia no Hospital Universitário de Coimbra e, mesmo com todos os esforços dos médicos, ficou paraplégica.

Na década seguinte, Maria Emília era constantemente internada e permanecia sempre deitada de costas, capaz de mexer somente a cabeça e as mãos. Nessas condições, ela alternava as orações e os hinos religiosos com choros e crises de nervosismo devido às dores intensas e ao abatimento causado por essa prostração.

Certa vez, em busca de alento, foi levada de ambulância até o Santuário de Fátima e, desde esse dia, passou a rezar para Francisco e Jacinta, pedindo um milagre. Fez uma novena atrás da outra, sempre com muito fervor, até que, no dia 25 de março de 1987, disse em sua oração: "Jacintinha, só falta um dia para esta novena acabar, e nada!"[31]. Imediatamente, Maria Emília sentiu um formigamento nos pés e um intenso calor, o que a fez sentir medo e duvidar se aquela sensação era realmente verdadeira, se não estava imaginando coisas, já que havia muito tempo que não sentia absolutamente nada da cintura para baixo.

Enquanto ia sentindo o formigamento e o calor aumentarem, ouviu uma voz de criança que lhe disse: "Senta-te, porque és capaz!". Incrédula e com medo de tentar se mexer, ouviu outras duas vezes a mesma frase. Num só impulso, Maria Emília jogou longe o lençol com que se cobria e sentou na beirada da cama.

Nos meses que se seguiram, passou a locomover-se de cadeira de rodas, o que já era um alívio para quem antes só podia ficar deitada, e continuou com suas orações, pedindo para que conseguisse voltar a andar. Até que, dois anos depois, no dia 20 de fevereiro de 1989, aniversário de morte de Jacinta, Maria Emília conseguiu definitivamente ficar de pé, sozinha, e caminhar. Ela experimentava, finalmente, o que perdera havia muito tempo: uma vida normal, com total autonomia e sem nenhuma dor.

Esse processo ainda levou mais dez anos para ser confirmado pelos médicos e os outros especialistas, pois nesse tempo, além de comprovar que aquela cura havia sido definitiva, eles precisavam ter a certeza de que o quadro havia se estabilizado. Assim, em 1999, o milagre foi reconhecido, e, finalmente, Francisco e Jacinta foram beatificados no dia 13 de maio de 2000.

Já o milagre que os levou à canonização aconteceu no Brasil. Era o dia 3 de março de 2013 quando Lucas, um menino de apenas cinco anos, morador da pequena cidade de Juranda, no interior do Paraná, estava brincando com a irmã próximo a uma das janelas da casa onde ambos viviam com a família. Em um momento de distração, Lucas se desequilibrou e caiu de uma altura de 6,5 metros, equivalente ao segundo andar de um prédio. Na queda, o menino bateu a cabeça no chão, sofrendo um grave traumatismo craniano, com perda de tecido cerebral. Dada a gravidade do seu quadro, ele foi transferido para o hospital da cidade de Campo Mourão, a cerca de setenta quilômetros de Juranda.

O percurso levou uma hora e Lucas chegou ao hospital em coma. Seu estado era muito grave e, depois de duas paradas cardíacas, ele foi submetido a uma cirurgia de emergência. Seus pais, João Batista e Lucila Yurie, foram então advertidos pelos médicos de que o menino teria pouquíssimas chances de sobreviver.

O casal começou então a rezar a Jesus e a Nossa Senhora de Fátima, a quem sempre tiveram muita devoção, e no dia seguinte ligaram para o Carmelo de Campo Mourão pedindo que as irmãs rezassem pelo seu filho. Porém, como elas estavam em seu período de silêncio e meditação diários, a irmã que atendeu ao telefonema não passou o recado às outras freiras e, acreditando que o menino não teria chances de sobreviver, rezou pela família.

Com o passar dos dias e a piora do estado de Lucas, no dia 6 de março os médicos pensaram em transferi-lo para outro hospital, já que na clínica de Campo Mourão não havia uma unidade especializada em pediatria. Além disso, eles também informaram aos pais que as possibilidades de sobrevivência eram muito pequenas e, caso Lucas sobrevivesse, sua recuperação seria bastante lenta, havendo certamente graves sequelas cognitivas ou ele poderia até mesmo ficar em estado vegetativo.

No dia seguinte, o casal voltou a telefonar para o Carmelo e, dessa vez, a irmã transmitiu o recado às outras freiras. Ao saber do caso, uma delas correu até as relíquias dos Beatos Francisco e Jacinta que as irmãs haviam ganhado e que estavam junto ao Sacrário e sentiu em seu coração o impulso de lhes fazer o seguinte pedido: "Pastorinhos, salvem este menino, que é uma criança como vocês". E fez um apelo a todas as outras irmãs para que rezassem pela vida de Lucas somente com a intercessão de Francisco e Jacinta.

Assim, não somente as freiras, mas também toda a família do menino passou a pedir a Francisco e a Jacinta por esse milagre. E, para a surpresa de todos, dois dias depois, Lucas acordou no CTI sentindo-se bem e começou a falar, perguntando pela irmã.

No dia 11, o menino foi transferido do CTI para o quarto e, no dia 15 de março, ele recebeu alta. Lucas deixou o hospital sem nenhuma sequela, exatamente como era antes do acidente. Toda a equipe médica, incluindo os ateus, disseram não ter explicações para aquela recuperação fora de série.

Quatro anos depois, no dia 13 de maio de 2017, o papa Francisco, em sua visita ao Santuário de Fátima, por ocasião das comemorações pelo centenário das aparições de Nossa Senhora, leu o decreto de canonização dos Pastorinhos, que a partir dessa data passaram a ser chamados Santa Jacinta Marto e São Francisco Marto.

A data litúrgica para a veneração desses santos ficou estabelecida para o dia 20 de fevereiro, data do falecimento de Jacinta.[32]

A oração para os que desejam pedir a intercessão dos santos Francisco e Jacinta Marto passou, assim, a ser amplamente difundida entre os fiéis:

Deus de bondade e fonte de santidade,
que fizestes dos Santos Francisco e Jacinta Marto
duas candeias para iluminar a humanidade,
exaltai os humildes que na Vossa luz veem a luz,
a fim de que a todos seja dado comtemplar os caminhos
que conduzem ao Vosso coração.

Por Nosso Senhor Jesus Cristo, Vosso Filho,
que é Deus Convosco na unidade do Espírito Santo.

Amém.

O Segredo

O SEGREDO

Capítulo 18

Um Segredo em três partes

Há muitos anos escutamos falar nos tais Segredos de Fátima, e até os dias de hoje há quem diga que o terceiro Segredo ainda não foi revelado. É comum ouvir também que existiu um papa que, ao lê-lo, chegou a desmaiar, o que coloca a imaginação de muita gente para trabalhar, criando uma imagem de um pontífice sentado em seu trono papal, desfalecendo de tanto pavor, fazendo com que as pessoas elucubrem que calamidade estaria por vir.

O senso comum é de que se tratava do fim do mundo ou algum acontecimento trágico que, se revelado, causaria um pânico mundial. E até hoje, mais de um século após as aparições na Cova da Iria, correm pela internet ainda mensagens de todos os tipos, com lindas imagens de Nossa Senhora de Fátima, acompanhadas pela palavra SEGREDO escrita em letras garrafais, ligando o fato ao fim dos tempos.

Mas o que há de verdade em tudo isso? O tal terceiro Segredo foi mesmo revelado? O que a Igreja tanto tentaria esconder? E, se esse mistério já foi divulgado, do que realmente se trata?

Essa é uma questão que, sem dúvida, precisa ser desmistificada de forma definitiva.

Em primeiro lugar, é importante esclarecer que não se trata de um terceiro Segredo, e sim da terceira parte de um segredo, referente à aparição de Nossa Senhora de Fátima ocorrida em 13 de julho, quando ela fez uma revelação aos Três Pastorinhos. Assim sendo, voltaremos um pouco na história para entender os motivos pelos quais essa questão é cercada de tanto mistério.

No capítulo que trata da manifestação do Anjo a Lúcia, Maria Rosa Matias, Teresa Matias e Maria Justino, podemos observar que, com exceção de Lúcia, as outras três meninas foram correndo contar aos familiares o ocorrido, causando uma série de fofocas na vizinhança. Lúcia, desde aquele momento, passou a ser motivo de chacota perante sua família. Não se sabe por que as outras três meninas não viram mais nada, mas o fato é que Lúcia não só viu o Anjo mais uma vez e foi testemunha das aparições de Nossa Senhora, como passou todos os seus quase 98 anos de vida afirmando receber revelações divinas. Isso faz com que muitas pessoas acreditem que sua discrição possa ter sido uma de suas qualidades apreciadas por Nossa Senhora e que a fizeram escolhê-la como aliada.

Há também um outro ponto importante. Durante as aparições do Anjo, tanto Lúcia quanto Francisco e Jacinta, conforme mencionado nos capítulos anteriores, sentiram uma força dentro de si que os impediam de falar. Era como se o silêncio se impusesse de forma natural entre eles, deixando-os tão focados na Mensagem de Nossa Senhora que nada mais importava.

Logo na primeira aparição, em 13 de maio, Lúcia, sentindo o quanto aquela visão havia mexido não apenas com ela, mas também com seus primos, e por medo de ser novamente desacreditada, pediu a Francisco e a Jacinta que não contassem a ninguém a respeito do acontecido. Entretanto, conforme já mencionado, Jacinta não se conteve e acabou, de tanto que ficou admirada com tudo que havia visto e ouvido, contando a seus pais a respeito da aparição. Isso faz com que muitos, até hoje, se questionem por que Jacinta, que também não soube se calar, continuou a ver Nossa Senhora, ao contrário de Maria Rosa, Teresa e Maria Justino.

Quando indagada por Lúcia do porquê de ter contado a respeito do que ocorrera, Jacinta explicou: "Eu tinha cá uma coisa que não me deixava estar calada"[1] e com lágrimas nos olhos prometeu não dizer mais nada a ninguém. O fato de ser tão pequena talvez a tenha levado a um arroubo infantil, fazendo com que não conseguisse se conter diante de toda a beleza que ela e os primos afirmavam ter visto. Entretanto, após esse deslize, realmente Jacinta nunca mais contou a ninguém a respeito das aparições, nem mesmo sob ameaça de morte, como ocorreu quando os Pastorinhos foram presos.

O fato é que, mesmo sem nenhum pedido expresso do Anjo ou de Nossa Senhora para que guardassem segredo, os três o fizeram por uma iniciativa própria. A única ressalva feita por Nossa Senhora foi na aparição de julho, quando pediu que não contassem a ninguém a respeito de uma determinada parte da visão, ainda que em nenhum momento tenha mencionado a palavra "segredo". Porém, as três crianças, de forma inocente, passaram a utilizar o termo, achando que dessa maneira se livrariam dos curiosos, mas jamais poderiam imaginar que foi exatamente essa simples palavra que aguçou o interesse de toda a humanidade.

Capítulo 19

Afinal, que Segredo é esse?

Como vimos no capítulo 10, na aparição de julho os Pastorinhos vislumbraram o inferno. Nossa Senhora, após apontar a luz que saía de suas mãos em direção à Terra, fez com que as crianças tivessem a terrível visão de um mar de fogo. Entre as labaredas, elas viram muitos demônios com formas horríveis e asquerosas de animais desconhecidos e almas em sofrimento profundo, levadas de um lado para outro pelas chamas que saíam não só do chão, como também delas próprias. Essas almas gemiam e gritavam de dor e de desespero. Essa visão horrenda compõe a primeira parte do Segredo.

A segunda parte está relacionada à devoção e à consagração da Rússia e ao Imaculado Coração de Maria, mudando as consequências políticas e sociais relacionadas à queda da União Soviética, concretizada de forma definitiva apenas em 1991.

Essas duas primeiras partes do Segredo foram publicadas após a irmã Lúcia receber uma ordem do então bispo de Leiria, Dom José Alves Correia da Silva, e afirmar ter tido a autorização de

Nossa Senhora para relatar tudo o que viu e ouviu durante as aparições. Elas vieram a público no ano de 1941, quando a primeira edição de As memórias da irmã Lúcia foram publicadas.

Já em relação à tão misteriosa terceira parte do Segredo, Lúcia a escreveu de próprio punho enquanto estava no convento de Santa Doroteia, em Tuy, na Espanha, mais uma vez após receber um pedido do bispo e de declarar ter recebido novamente a aprovação de Nossa Senhora. A única diferença é que, segundo Lúcia, nessa ocasião a Virgem havia lhe pedido que o conteúdo do envelope que a vidente entregou para o bispo em 3 de janeiro de 1944 só fosse revelado após o ano de 1960, pois só então as pessoas o compreenderiam corretamente.

Dom José, então, após algum tempo, mais precisamente em abril de 1957, colocou o envelope fechado por Lúcia dentro de outro envelope, lacrou-o e escreveu, conforme orientação de Nossa Senhora, que a carta deveria ser aberta somente após 1960 por ele próprio, caso ainda estivesse vivo, ou, caso contrário, pelo cardeal patriarca de Lisboa, e o enviou ao Vaticano, onde ficou sob a tutela do Arquivo Secreto do Santo Ofício.

Segundo os registros desse departamento, em 1959, o papa João XXIII leu o conteúdo dos envelopes e decidiu devolvê-los ao Santo Ofício sem revelar seu conteúdo. O papa Paulo VI também fez o mesmo em 1965, assim como João XXIII. Ambos os papas igualmente mantiveram o conteúdo daqueles documentos apenas para si mesmos, devolvendo-o aos arquivos secretos da Santa Sé. Somente após o atentado do papa João Paulo II, no dia 13 de maio de 1981, a carta foi novamente solicitada.

No envelope cuidadosamente selado e arquivado, a terceira parte do Segredo estava contida na descrição da visão que os Pastorinhos afirmaram ter experimentado em 13 de julho de 1917. Segundo Lúcia, ela e os primos haviam visto um Anjo com uma espada de fogo em uma das mãos do lado esquerdo de Nossa

Senhora. De sua espada, despendiam-se chamas que pareciam ser capazes de incendiar o mundo, mas que eram detidas ao entrar em contato com os feixes de luz que saíam da mão esquerda da Virgem.

O Anjo, apontando com a mão direita para a Terra, com voz forte, dizia: "Penitência! Penitência! Penitência!". E, refletido num clarão de luz que as crianças sentiram representar o próprio Deus, elas viram um bispo vestido de branco. Naquele exato momento, os três tiveram um pressentimento de que aquela figura só poderia se tratar do Santo Padre.

Em seguida, eles vislumbraram vários outros bispos, sacerdotes e leigos subirem uma montanha de aparência acidentada, no topo da qual estava fincada uma grande cruz construída com troncos toscos.

Antes de chegar até ali, o papa havia atravessado uma grande cidade bastante destruída e, um tanto trêmulo, com passos vacilantes, acabrunhado de dor e pena, ia orando pelas almas dos cadáveres que encontrava pelo caminho.

Chegando ao topo do monte, prostrado de joelhos aos pés da cruz, foi morto por um grupo de soldados que lhe disparavam vários tiros e flechas. E assim foram morrendo uns atrás dos outros, os bispos, os sacerdotes, outros religiosos e vários leigos, homens e mulheres de várias classes sociais.

Sob os dois braços da cruz, estavam dois anjos. Cada um deles trazia um regador de cristal em uma das mãos, dentro dos quais recolhiam o sangue dos mártires e com eles regavam as almas que se aproximavam de Deus.[2]

CAPÍTULO 20

ENTENDENDO O SEGREDO

A TERCEIRA PARTE DO Segredo só foi revelada ao mundo em Fátima, no dia 13 de maio do ano 2000, quando o papa João Paulo II visitou o Santuário para a cerimônia de beatificação de Francisco e Jacinta.

É importante compreender que, apesar de todas as imagens apocalípticas, o conteúdo da última parte do Segredo de Fátima é extremamente metafórico, o que gera, até os dias de hoje, as mais diversas interpretações. Entretanto, as mais aceitas, inclusive entre os teólogos, são as de autoria do cardeal Ângelo Sodano, que foi secretário de Estado do Vaticano e decano do Colégio dos Cardeais, e de Joseph Ratzinger, ex-prefeito da Congregação para a Doutrina da Fé e que após a morte de João Paulo II tornou-se o papa Bento XVI.

Segundo Ratzinger, o anjo com a espada de fogo e seu grito por penitência lembra algumas imagens do livro do Apocalipse e representa a ameaça do que pode atingir o mundo devido aos males causados pela própria humanidade, que necessita urgentemente de fé e de conversão. Como contraponto, o brilho que sai da mão da Mãe de Deus é a prova que, através da penitência, essa destruição não aconteceria. Essa cena ressalta a liberdade do homem, que possui o livre-arbítrio de tomar suas próprias decisões e escolher o seu destino.

O então cardeal Ratzinger ressaltou, ainda, que o futuro não é de forma alguma pré-determinado e que a imagem vislumbrada pelos Pastorinhos não é um filme antecipado do futuro, sem chances de mudança, mas exatamente o contrário, tendo como sentido a mobilização das forças a favor do bem.

O caráter simbólico da visão também está presente no brilho que representa Deus, no qual os Pastorinhos afirmaram ter visto essas cenas de destruição refletidas como num espelho. Essa representação nos mostra que o futuro é apenas um reflexo, e jamais poderemos ter certeza absoluta do que acontecerá a seguir, desígnios esses que, segundo Ratzinger, apenas Deus, em sua inesgotável sabedoria, conhece.

A montanha íngreme com a tosca cruz construída com madeira e a cidade simbolizam o lugar da evolução da trajetória humana, através de sua árdua subida para o alto, e suas ruínas, a obra do aniquilamento que o próprio homem faz de seu trabalho. Na cruz, tem-se a meta e o ponto de orientação da humanidade, onde a destruição é transformada em salvação, erguendo-se como uma cura para a miséria do homem e uma promessa de dias melhores.

O relato de Lúcia prossegue com o papa liderando uma longa fila de religiosos e pessoas comuns até ser atingido e morto. O papel do papa e o caminho da Igreja são representados como uma Via Sacra, que atravessa um tempo de violência, destruição e perseguições, simbolizando a situação da Igreja e da própria humanidade durante o decorrer do século xx, um século dos mártires, de guerras mundiais e locais, marcado também por uma intensa perseguição à religião.

Na visão, o papa perece, sofrendo pelas atrocidades daquele século, tornando inevitável a identificação com João Paulo II, que esteve muito próximo de perder sua própria vida. Ele mesmo chegou a afirmar: "Foi uma mão materna que guiou a trajetória da bala e o papa agonizante deteve-se no limiar da morte"[3].

Segundo Ratzinger, em última análise, a oração é mais forte que as balas e a fé mais poderosa que os exércitos.

Na parte final da visão de 13 de julho, anjos recolhem dos braços da cruz o sangue dos mártires e regam as almas que se aproximam de Deus, estando o sangue do próprio Cristo misturado ao sangue dos mártires. Como disse Tertuliano, um dos primeiros pensadores do cristianismo, nascido em Cártago por volta do ano de 160, o "sangue dos mártires é a semente de cristãos"[4].

Assim, a terceira parte do Segredo, que começa de maneira angustiante, termina com uma imagem de esperança, mostrando que nenhum sofrimento é em vão e que do sofrimento surge uma força de avivamento e purificação.

Em sua interpretação, o cardeal Sodano conclui que, quando foi revelado, o Segredo estava relacionado a acontecimentos do passado. Aqueles que aguardavam profecias catastróficas certamente ficaram decepcionados e, talvez por certa inconformidade com essa expectativa frustrada, ainda desejam descobrir que a totalidade dos fatos ainda não veio à tona, mas a verdade é que os acontecimentos que envolvem Fátima não se prestam a oferecer tais satisfações à nossa curiosidade, assim como a fé cristã em geral. O Segredo como um todo remete à salvação das almas e, de acordo com esse mesmo sentido, faz um apelo à penitência e à conversão.

O ponto culminante de toda a Mensagem de Fátima é a frase: "Por fim, Meu Imaculado Coração triunfará"[5]. Com essa mensagem de esperança, a Virgem mostra que, mesmo num mundo repleto de sofrimento, o homem tem a liberdade para optar pelo bem.

O PAPA DO SEGREDO

Capítulo 21

Atentado ao papa

Não são treze anos, mas sim três anos
de pontificado e dez de milagre!
João Paulo II em 1991, durante as comemorações
dos treze anos de seu pontificado

Como mencionado nos capítulos anteriores, na terceira parte do Segredo há a menção a um bispo vestido de branco que passaria por momentos de extremo sofrimento. Tanto irmã Lúcia quanto a própria Igreja posteriormente afirmaram tratar-se do papa. Depois, nessa mesma parte do Segredo, há a descrição de um papa que foi morto por um grupo de soldados. Já na segunda parte do Segredo consta que o papa deveria consagrar o mundo e especialmente a Rússia a Nossa Senhora. Mas a qual papa o Segredo se referia? Seria esse o papa a ser assassinado? E seria ele também o autor dessa consagração? A própria história tratou de desvendar esse mistério no ano de 1981.

Aquela era uma tarde de quarta-feira como qualquer outra, um dia de audiência geral na Praça de São Pedro, em Roma, quando o papa lia o Evangelho, fazia sua homilia e passava acenando no meio do povo. Não coincidentemente, era 13 de maio de 1981.

Uma multidão de cerca de 20 mil fiéis estava eufórica nos minutos que antecediam a chegada do papa João Paulo II. Dentro dos muros do Vaticano, a Guarda Suíça e a segurança pessoal do pontífice tratavam dos últimos detalhes para que a audiência transcorresse sem transtornos. O secretário particular do papa, o então monsenhor Stanislaw Dziwisz, revisou os últimos detalhes do discurso que seria proferido, enquanto Sua Santidade terminava suas orações. O chefe do cerimonial deu então a ordem para que a cerimônia fosse iniciada. João Paulo II se encaminhou de seu apartamento privado para a praça, como era de costume. Lá, ele entrou no papamóvel, um jipe aberto, estacionado atrás dos Arcos dos Sinos, cercado apenas por seus seguranças particulares. As audiências começavam pontualmente às cinco da tarde, de forma que logo o veículo começou a se deslocar.

Às 17h03, o papamóvel concluiu em pouco mais de dez minutos sua primeira volta pela praça sem nenhum tipo de interrupção e iniciou a segunda.

No meio da multidão, encontrava-se Mehmet Ali Agca, um turco de 23 anos, integrante dos Lobos Cinzentos, um grupo de radicais islâmicos que atacavam a todos aqueles que achavam ser defensores da influência ocidental na Turquia, um assassino profissional que recebera a incumbência de matar o papa polaco. Às 17h17, o papamóvel estava diante da porta de bronze da Praça de São Pedro, terminando a segunda volta, enquanto Ali Agca se posicionava, misturado entre os fiéis.

Após João Paulo II abençoar um bebê em seu colo e entregá-lo de volta aos seus pais, o assassino levantou o braço, a uma distância aproximada de três metros de onde estava o papa, e sem ser percebido disparou sua pistola semiautomática Browning 9 mm duas vezes. João Paulo II caiu para trás e foi amparado pelo monsenhor Dziwisz, que lembra ter ouvido alguém gritar que o papa havia sido atingido e que, após perguntar onde, ouviu a resposta do próprio pontífice: "Na barriga". A primeira bala acertou o papa no abdômen, lacerando em vários lugares o cólon e o intestino delgado. O segundo projétil passou por seu cotovelo direito, atingindo o indicador da mão esquerda, ferindo ainda o braço da jamaicana Rose Hall, esposa de um pastor protestante, e o peito da viúva americana Anne Odre, uma católica fervorosa. Ambas sobreviveram.

Em meio aos gritos da multidão, o papa caiu, gemendo de dor, sendo amparado por seu secretário e amigo Dziwisz. Os fiéis se desesperaram e muitos, aos prantos, se ajoelharam no chão da praça para rezar enquanto os seguranças, aflitos, abriam caminho em direção à Policlínica Agostini Gemelli. A notícia se espalhou de imediato, dando início a uma corrente de oração mundial. Cardeais, bispos, padres e leigos, todos se uniram em oração pela vida do papa. Na Praça de São Pedro imperava um silêncio profundo em meio aos corações angustiados dos fiéis que rezavam em voz baixa.

Ali Agca tentou fugir, aproveitando que a maioria das pessoas ainda não tinha entendido o que ocorrera. Mas a certa altura sentiu que alguém lhe bateu nas pernas, fazendo-o cair. Era um agente da polícia italiana que estava num passeio da praça e o prendeu. Logo em seguida, Agca foi levado para o quartel-general da polícia romana, onde foi interrogado. Primeiro, ele alegou, em um inglês tosco, que era chileno, mas, depois, falando em espanhol, disse ser apátrida. Até que os policiais conseguiram descobrir sua verdadeira identidade. O assassino profissional só não conseguia compreender o que havia dado errado. Ele tinha certeza de que seria bem-sucedido, já que havia sido muito bem treinado para isso.

Durante o translado de quinze minutos intermináveis entre a Praça de São Pedro e a Policlínica Gemelli, conhecida por prestar serviços de saúde aos papas, a equipe de médicos já estava a postos. De hora em hora, rádios e canais de TV concentraram todos os seus esforços em Roma, enquanto aguardavam novos detalhes daquele acontecimento que deixara o mundo perplexo. Será que o papa sobreviveria? Mas por que queriam matar o papa? Quem fez os disparos? Karol Wojtyla chegou quase inconsciente ao hospital, sussurrando ininterruptamente em polonês: "Jesus; Maria, minha Mãe"[1], e pediu que não retirassem de seu peito o escapulário de Nossa Senhora do Carmo, conforme contou posteriormente seu médico particular, dr. Renato Buzzonetti.

Todos buscavam respostas enquanto no terceiro andar da policlínica o papa era operado. Após quatro horas e vinte minutos de cirurgia para a remoção da bala que se alojara em seu abdômen, o papa perdeu muito sangue e os médicos ainda precisaram retirar 55 cm de seu intestino. O destino do pontífice era bastante incerto e os médicos não sabiam se ele sobreviveria. Durante a operação, os cirurgiões perceberam que a trajetória da bala fez um caminho anômalo e desviou por pouquíssimos milímetros da aorta central, o que, em circunstâncias normais, teria sido fatal. Sobre o assunto, algum tempo depois João Paulo II diria: "Uma mão disparou e a outra conduziu a bala"[2], referindo-se à intervenção de Maria nesse inexplicável desvio.

Quatro dias depois do atentado, enquanto se recuperava no hospital e ainda sentia fortes dores, o papa fez um pronunciamento transmitido pela Rádio Vaticano, no qual declarou: "Agradeço a vocês comovido pelas orações e abençoo a todos. Rezo pelo irmão que atirou em mim, o qual perdoo com sinceridade. A ti, Maria, repito: *totus Tuus ergo sum*, todo Teu eu sou"[3]. A partir desse momento, não restava mais nenhuma dúvida de toda a sua entrega à

Nossa Senhora e o quão importante era não apenas falar em perdão, mas vivenciá-lo.

Assim, no Natal de 1983, precisamente no dia 27 de dezembro, Wojtyla voltou a surpreender o mundo quando visitou a prisão de Rebibbia, em Roma, para encontrar o seu algoz. Num mundo tão intransigente, que clama por vingança, a imagem daquele homem de branco, chefe de Estado e de toda a Igreja Católica, indo até uma prisão para perdoar o homem que tentou matá-lo e que lhe infligiu tanto sofrimento causou comoção geral. Duas cenas opostas, de violência e perdão, que ficaram marcadas na história.

O assassino, que havia sido julgado pelo tribunal italiano, cumpria pena de prisão perpétua pelo atentado e já havia dado à polícia muitas versões diferentes sobre a identidade do mandante do crime. Durante a visita, que durou cerca de vinte minutos, o papa e Agca conversaram sentados, próximos, em voz baixa, como penitente e padre num confessionário, a uma distância prudente de testemunhas. Posteriormente, o papa contou aos seus assessores mais próximos que o terrorista, de maneira indignada, perguntou várias vezes: "Por que o senhor não morreu?"[4], já que tinha uma grande experiência como atirador e tinha certeza de que seu disparo havia sido perfeito. Indagava também sobre a "deusa Fátima", que ele temia que se zangasse com ele e o eliminasse. Em 27 de abril de 2014, em entrevista exclusiva a uma agência italiana de notícias, o turco afirmou estar convencido "com provas pessoais indiscutíveis" que naquela manhã de maio "Deus realizara um milagre na Praça de São Pedro"[5].

Muito foi especulado sobre o atentado. Dezenas de explicações dos possíveis motivos políticos e centenas de culpados foram apontados, tais como islâmicos, iranianos, neofascistas. Mas os principais culpados apontados foram os comunistas. Para entendermos essa afirmação, é importante conhecer um pouco sobre a história da queda das ditaduras comunistas e por que o papa João Paulo II é apontado pelos historiadores como uma peça fundamental para esse movimento.

Capítulo 22

O papa polaco

João Paulo ii foi o primeiro papa não italiano em quatrocentos anos. Um polaco, vindo de um país agrário e pobre, com uma tradição de mais de mil anos de catolicismo e que enfrentou um sufocamento realizado desde 1865 por três nações francamente imperialistas — Alemanha, Rússia e Áustria.

Naquele período, falar polonês dentro do próprio país era punido como crime e também passou a ser proibido demonstrar orgulho nacional. Entretanto, na clandestinidade, os poloneses preservavam sua identidade através da literatura de autores polacos e de sua fé católica, sendo a oração considerada uma forma de resistência, mesmo que solitária e realizada de forma privada, no interior das casas.

Engolida pelos vizinhos majoritariamente protestantes e ortodoxos, a Polônia voltou a recuperar sua independência com o fim da Primeira Grande Guerra, e, mesmo cercado de inimigos, o país passou finalmente a existir como nação. É nesse cenário que em 18 de maio de 1920 nasceu, em Vadovice, uma pequena cidade polonesa, Karol Wojtyla. Ele cresceu como um jovem atlético e forte, patriota e católico fervoroso.

Dando início à Segunda Guerra Mundial, em 1939, a Polônia foi invadida de surpresa pela Alemanha nazista, liderada por Hitler, e reduzida a uma zona de destruição e extermínio. Na época, o então rapaz de dezenove anos começou a trabalhar como ator, fazendo do teatro nacionalista sua arma para "ganhar espíritos", já que era contrário à violência. Aos vinte anos já não tinha mais pai, mãe ou irmão e começou a considerar seriamente o sacerdócio. As missas foram proibidas e os seminários fechados pelos nazistas. Portanto, tornou-se um ato subversivo estudar para ser padre, e foi justamente o que fez Karol no ano de 1942, surpreendendo a todos que o conheciam. De forma firme e tranquila, com seu dom diplomático, mas também com sua forte espiritualidade, Wojtyla atuava combatendo o nazismo através dos valores católicos, o que o fez ser nomeado a novos cargos e assumir maiores responsabilidades dentro da Igreja, ao longo do tempo.

Com o fim da guerra, a vitória das tropas soviéticas deu um descanso à Polônia, embora o regime comunista tenha passado a vigorar no país, o que gerou muitos conflitos e perseguições, tendo em vista que aquele era um país majoritariamente católico que passou a ser governado por um grupo que não só rejeitava, como também perseguia a religião. Assim, ser padre na Polônia daqueles tempos era uma tarefa árdua — e perigosa.

O mundo então, dividido em dois blocos — capitalista e comunista —, liderados pelas duas superpotências União Soviética e Estados Unidos, iniciaram a Guerra Fria, um conflito marcado por uma intensa guerra diplomática, ideológica e econômica travada no intuito de conquistar zonas de influência. Com isso, a União Soviética passou a liderar os países comunistas, propondo como ideologia uma sociedade sem classes sociais, onde não haveria a necessidade de religião e os meios de produção deixariam de ser privados para ser incorporados ao Estado. Já os Estados Unidos defendiam o assim chamado mundo do livre capitalismo, um sistema econômico que visava o máximo lucro e o predomínio da propriedade privada. Essa intensa disputa provocou uma corrida armamentista, que durou cerca de quarenta anos e deixou o mundo sob a eminência de uma guerra nuclear que seria capaz de destruir todo planeta.

Mas, voltando ao papa, nos anos 1960, a década da liberdade sexual, enquanto o Ocidente vivia uma crise com o abandono da fé por parte dos fiéis, a Polônia experimentava o oposto, com uma Igreja cheia de devotos e respeitada pela população. O recém-ordenado bispo Wojtyla foi convocado pelo papa João XXIII a Roma, assim como todos os bispos do mundo, para participar do Concílio Vaticano II. Dentre tantas outras necessidades, discutiu-se a modernização do catolicismo, com o objetivo de atrair de volta os jovens à Igreja. Com participação discreta, porém segura, o bispo Wojtyla acabou chamando atenção do sucessor de João XXIII, o futuro papa Paulo VI. Assim, alguns anos depois, Karol foi eleito cardeal e era respeitado por toda a comunidade eclesiástica. Em 1978, participou do conclave que elegeu João Paulo I como papa, após a morte de Paulo VI. A história, porém, pegaria todos de surpresa, quando, apenas 33 dias após ser eleito, João Paulo I foi encontrado morto em seus aposentos devido a um enfarte fulminante. Assim, foi convocado outro conclave para que os cardeais elegessem um novo papa. No dia 16 de outubro de 1978, Karol Wojtyla foi eleito por maioria absoluta e passou a ser chamado de papa João Paulo II. Dessa forma, iniciou-se o terceiro pontificado mais longo da história, que durou quase 27 anos, um papado que teve enraizada em seu representante uma marcante contrariedade ao comunismo e às suas consequências, já que elas foram por ele vividas de perto. Um pontificado ativo, carismático, capaz de unir inimigos numa mesma sala.

Logo no seu primeiro ano de eleito, em junho de 1979, João Paulo II fez algo inédito, visitando pela primeira vez um país do bloco comunista. Por ocasião da comemoração dos novecentos anos do martírio de São Estanislau, padroeiro da Polônia, o papa voltou ao seu país de origem, mesmo contra a vontade do dirigente soviético Leonid Brejnev. Nos oito dias de sua visita, cada um dos seus discursos empolgava uma multidão, pois a encorajava a ser forte e a não temer o regime comunista, pedindo que as fronteiras fossem abertas, emocionando todo aquele povo que exibia orgulhoso suas bandeiras polonesas e suas cruzes. O efeito causado nas pessoas foi tão grande que toda a opressão que o comunismo exercia sobre elas pareceu perder sua força. E um dos que sofreram desse efeito foi o operário Lech Walesa, que logo no ano seguinte fundou o sindicato Solidariedade, primeira organização no mundo a fazer oposição a um governo comunista. A figura de João Paulo II era tão importante para Walesa que este usava uma caneta com a foto do seu conterrâneo e em seu peito um broche com a imagem de Nossa Senhora. Um defensor ferrenho dos direitos humanos, ele recebeu o prêmio Nobel da paz em 1983 e foi eleito presidente da Polônia em 1990, sendo o primeiro governante do país após a derrocada do comunismo.

Em 1981, João Paulo II formou com o então eleito presidente dos Estados Unidos, o ex-ator Ronald Reagan, "uma das maiores alianças secretas de todos os tempos"[6], segundo as palavras do então secretário de Segurança Nacional dos EUA, Richard Allen. Mesmo com motivações diferentes, seja pela liberdade de religião, no caso do papa, ou pelo livre-comércio, no caso do Reagan, ambos desejavam o fim do comunismo.

Essa afirmação de Allen estava embasada nas mais de quinze vezes que o papa recebeu no Vaticano agentes da CIA, obtendo informações secretas sobre a Guerra Fria. Por sua vez, o papa retribua à Inteligência norte-americana repassando dados sigilosos do Solidariedade, através da eficiente comunicação entre os bispos e padres de todo o mundo, o que fez com que Allen chegasse a declarar que a Inteligência do Vaticano podia ser considerada como de "primeira classe"[7].

No mesmo ano de 1981, essa aliança quase terminou tragicamente quando, em fevereiro, Reagan levou um tiro e três meses depois Karol Wojtyla sofreu o atentado. Já no final de 1981, o crescimento do Solidariedade levou o governo da Polônia a fechar o sindicato e prender seus líderes. Isso não diminuiu em nada o empenho do papa pelo fim do comunismo, já que ele poderia continuar com suas articulações a partir de Roma, sem colocar sua integridade física em risco.

No ano de 1985 é iniciada a perestroika — a abertura soviética — com a chegada ao poder do líder Mikhail Gorbachev. João Paulo II considerou esse processo como "a continuação do Solidariedade"[8]. Gorbachev, que foi colocado no poder pelo próprio Partido Comunista, estava convencido da necessidade de reformas. Tanto pensava assim que uma de suas primeiras atitudes ao governar foi encontrar-se com João Paulo II.

Em 27 de outubro de 1986, o papa reuniu dezenas de líderes religiosos do mundo todo na cidade italiana de Assis. Estavam presentes bispos ortodoxos, líderes muçulmanos, monges budistas, o rabino-chefe de Roma, além do Dalai Lama e de índios americanos para rezar, juntos, pela paz mundial. E, não por coincidência, naquele mesmo dia, as nações em guerra decretaram uma trégua a pedido do sumo pontífice e de todos que ele, de forma diplomática e inteligente, havia reunido num mesmo local em prol de uma mesma causa. Assim, João Paulo II demonstrou todo seu poder de articulação e sua grande força espiritual, firmando-se como uma importante liderança não só no meio religioso, como também no político.

Fátima 167

Como numa grande comporta, em que uma pequena rachadura vai aumentando gradativamente, o comunismo começou a ruir. Aos poucos, de forma suave, tal qual um pequeno filete de água que escapa entre as fendas até derrubar o dique, em 1989 o comunismo desabou de vez. No dia 4 de junho daquele ano, os poloneses puderam escolher seus representantes e após meio século de ditadura comunista colocaram no poder o partido de oposição, o Solidariedade. A Polônia foi o primeiro país a se libertar de seu governo opressor, sendo seguida por vários outros países do Leste Europeu. De acordo com as palavras do ex-primeiro-ministro da Polônia, o general Wojciech Jaruzelski, derrotado nas urnas por Walesa, a Igreja foi uma das principais responsáveis por essa mudança.

O sistema ficou tão fragilizado que, em 9 de novembro desse mesmo ano, foi abaixo o principal símbolo do comunismo, o Muro de Berlim. Bastou, numa entrevista, o porta-voz da Alemanha Oriental, Günter Schabowski, informar que o governo iria permitir que a população viajasse para o lado ocidental, dando a entender de forma confusa que essa permissão já estava em vigor, para uma multidão se aglomerar diante da muralha. Em frente às guaritas que faziam os bloqueios, milhares de pessoas gritavam para que os portões fossem abertos. Totalmente atônitos perante aquela massa de gente e sem receber nenhuma instrução especial dos superiores, que também não sabiam como agir, os guardas cederam à pressão e abriram os portões. As imagens do que aconteceu a seguir rodaram o mundo. Numa espécie de catarse, uma população munida de marretas, martelos e picaretas destruiu a cerca de concreto que representou por 28 anos a separação de alemães ocidentais e orientais. Do outro lado, os alemães ocidentais gritavam eufóricos para que deixassem o povo do Leste livre para sair. Famílias e amigos havia tanto tempo separados reencontraram-se, gerando abraços carinhosos regados a lágrimas de emoção.

Foi uma grande festa. O tão odiado muro levou ainda um tempo para sumir totalmente, e só um ano depois, em 3 de outubro de 1990, a Alemanha foi enfim reunificada. A União Soviética, a grande superpotência símbolo do comunismo, também foi dissolvida oficialmente no dia 26 de dezembro de 1991, dando origem a quinze diferentes nações.

Muitas pessoas mundo a fora, tanto católicas quanto seguidoras de outras religiões, consideram que não foi apenas uma mera coincidência, após séculos, ser eleito um papa não italiano, mas um homem nascido na Polônia, o primeiro país a romper com a ditadura comunista, uma figura carismática, um líder nato que foi um dos maiores articuladores para a queda desse tipo de regime. Mais do que uma coincidência, milhões de pessoas acreditam em uma intervenção divina, que somente após o atentado passou a ser compreendida por João Paulo II.

Capítulo 23

A bala na coroa

Voltando à trágica semana do atentado, naquele ano de 1981, alguns dias depois da longa cirurgia e após ouvir dos médicos que não havia explicação para a curva feita pela bala dentro de seu corpo e que evitou sua morte, João Paulo II se deu conta de que aquilo só poderia se tratar de uma intervenção divina. Devido ao fato de aquela data fatídica ser justamente 13 de maio, dia de Nossa Senhora de Fátima, o papa afirmou que havia sido salvo pela Virgem Santíssima.

Assim, ele pediu ao monsenhor Dziwisz que lhe trouxesse tudo que houvesse nos arquivos secretos do Vaticano a respeito do Segredo de Fátima. Alguns dias depois, enquanto ainda estava em recuperação na Policlínica Gemelli, o sumo pontífice recebeu um envelope lacrado contendo o confidencial relato da irmã Lúcia.

Após ler os manuscritos, o papa, segundo as palavras de seu secretário monsenhor Stanislaw, "naquela visão reconheceu o próprio destino"[9] e assim redescobriu o significado da mensagem de Fátima, compreendendo que ele era o papa ao qual Nossa Senhora se referira nas aparições na Cova da Iria.

No conteúdo da carta, as palavras "bispo vestido de branco", "prostrado de joelhos", "morto por um grupo de soldados" e principalmente a frase "Se atenderem a meus pedidos, a Rússia converter-se-á e terão paz; se não, espalhará os seus erros pelo mundo promovendo guerras e perseguições à Igreja; os bons serão martirizados; o Santo Padre terá muito que sofrer; várias nações serão aniquiladas"[10] penetraram no coração de João Paulo II de tal forma que, além de se ver naquele Segredo, começou a querer entender como ele poderia cumprir os desígnios de Nossa Senhora e para isso passou a não medir esforços.

Após se recuperar e com a total convicção de ser o "bispo vestido de branco" da visão, João Paulo II dirigiu-se ao Santuário português exatamente um ano após o atentado. Na Capela das Aparições, erguida no mesmo local onde Nossa Senhora aparecera, o papa se pôs de joelhos e, profundamente agradecido e emocionado, depositou aos pés da Virgem a bala que o atingira no abdômen.

Era dia 13 de maio de 1982. O Santuário de Fátima estava lotado de cardeais, bispos, padres, religiosos, leigos, enfim, uma multidão que, junto ao pontífice, rezou e agradeceu o milagre, testemunhando esse dia histórico. Para completar toda essa cena de gratidão e paz, após uma permissão especial para deixar a clausura, estava presente a única vidente ainda viva, a irmã Lúcia. Um dia para ficar registrado não só na história da Igreja, como também na história mundial.

Após algum tempo, mais precisamente oito anos, à procura do melhor lugar para guardar a bala, um objeto tão incomum, mas ao mesmo tempo tão precioso, o reitor do Santuário de Fátima, monsenhor Luciano Guerra, juntamente com o bispo de Leiria, decidiu que a coroa festiva da imagem de Nossa Senhora de Fátima, cravejada de pedras preciosas, seria o local ideal.

Cabe ressaltar que a imagem possui duas coroas. Ambas são de ouro maciço, têm o mesmo formato e foram confeccionadas em 1942 pela mesma manufatura, a Joalheria Leitão e Irmão, que possui mais de duzentos anos de tradição. A diferença entre essas duas coroas é que a segunda é toda ornamentada com pedras preciosas, doadas por centenas de senhoras portuguesas que, como uma forma de agradecimento por Portugal não ter entrado na Segunda Guerra Mundial, ofertaram suas joias à Virgem. Em números, essa coroa pesa 1,2 kg e tem quase 3 mil pedras preciosas; mais precisamente 950 brilhantes, 1.400 diamantes, 313 pérolas, 13 esmeraldas pequenas, 1 esmeralda grande, 33 safiras, 17 rubis, 260 turquesas, 1 ametista e 4 águas-marinhas — uma verdadeira joia digna de uma rainha ou, como Nossa Senhora é carinhosamente chamada pelos católicos, da "Rainha das rainhas".

Foi quando solicitaram à Casa Gomes, uma joalheria localizada na cidade de Póvoa de Varzim, que realizasse a colocação da bala dentro da coroa que algo surpreendente aconteceu. Antes mesmo de terem a joia em mãos, os técnicos sabiam do grande desafio que seria fixar o projétil sem comprometer o formato da coroa. Foi então constatado que o adorno, confeccionado em 1940, possuía um espaço interno exatamente com o mesmo diâmetro da bala, sem tirar nem pôr, bem na união das oito hastes, abaixo do orbe azul-celeste. E ali, naquele espaço surpreendente, o projétil foi cuidadosamente engastado, como se quase meio século antes tudo houvesse sido planejado.

A coroa de pedras preciosas e com a bala é utilizada apenas oito vezes por ano, nas principais datas solenes festejadas pelo Santuário de Fátima: os dias 13 dos meses de maio a outubro, o dia 15 de agosto, que é a festa da Assunção de Nossa Senhora, e o dia 8 de dezembro, durante a festa da Imaculada Conceição.

Capítulo 24

Um bispo disfarçado para a missão

Conforme o que Nossa Senhora havia dito, Lúcia foi realmente a única dos três videntes que não foi levada ao Céu pouco depois das aparições e, ao longo de seus 98 anos de vida, continuou a ter doces encontros com a Virgem, tornando-se uma espécie de porta-voz celestial.

Na aparição de 13 de julho de 1917, Nossa Senhora pediu que a Rússia fosse consagrada ao seu Imaculado Coração. Os Pastorinhos, entretanto, em toda a sua inocência, ao ouvirem esse apelo, acharam que a Rússia era uma mulher. Eles não tinham a menor ideia de que se tratava de um país, e não um país qualquer, mas justamente a nação que havia implantado todo um sistema que mudaria o mundo não apenas geograficamente, mas também nas áreas econômica, social e religiosa.

Doze anos depois das aparições, em 1929, na cidade espanhola de Tuy, já vivendo no convento como irmã Doroteia, sozinha em adoração na capela, Lúcia teve a visão do Mistério da Santíssima Trindade e recebeu luzes sobre essa questão que, como relatou, não lhe era permitida revelar. Ela também teve uma visão de Nossa Senhora de Fátima com o seu Imaculado Coração na mão esquerda, sem a espada nem as rosas usuais, mas com uma coroa de espinhos e chamas. Segundo ela, Nossa Senhora lhe disse: "É chegado o momento em que Deus pede para o Santo Padre fazer, em união com todos os Bispos do Mundo, a consagração da Rússia, ao Meu Imaculado Coração, prometendo salvá-la por este meio"[11].

Preocupada com o cumprimento da consagração, nos anos que se seguiram escreveu várias cartas aos seus confessores abordando o tema, como esta de 1930, a qual segue um trecho: "O Bom Deus prometeu terminar a perseguição na Rússia se o Santo Padre se dignar fazer e mandar que o façam igualmente os Bispos do Mundo Católico um solene e público ato de reparação e consagração da Rússia aos Santíssimos Corações de Jesus e Maria; prometendo Sua Santidade, mediante o fim desta perseguição, aprovar e recomendar a prática da já indicada devoção reparadora". E assim Lúcia prosseguiu advertindo ao clero que havia o real desejo e necessidade que a consagração fosse realizada.

Até que em 1940, mais precisamente no dia 24 de outubro, a irmã Lúcia, vendo que nada acontecia, decidiu escrever diretamente ao papa Pio XII, insistindo mais uma vez com o pedido de Nossa Senhora em relação à Rússia. O papa Pio XII levou dois anos para colocar em prática o pedido indicado por Lúcia e só em 31 de outubro de 1942 fez a consagração do mundo inteiro ao Imaculado Coração de Maria, com menção especial à Rússia, renovando essa consagração em 8 de dezembro do mesmo ano. Contudo, no ano seguinte, Lúcia retornou ao Santo Padre através de uma carta dizendo que a consagração não havia sido feita como solicitada.

Ao receber essa advertência da irmã Lúcia, o papa Pio XII, no dia 7 de julho de 1952, durante a festa dos santos Cirilo e

Metódio, fez novamente a consagração de toda a raça humana a Nossa Senhora e ao Seu Imaculado Coração, reforçando esse ato no ano seguinte, no dia 31 de maio, instituindo a Festa da Realeza Universal de Maria, de forma que essa consagração pudesse ser repetida todos os anos.

Pouco tempo depois, Nossa Senhora novamente apareceu à irmã Lúcia e assim lhe disse: "Faz saber ao Santo Padre que Eu ainda estou à espera da consagração da Rússia ao Meu Imaculado Coração. Sem essa consagração, a Rússia não poderá converter-se e o mundo não terá paz"[12]. Dessa vez faltou ao ato a devida solenidade: nomeou-se a Rússia, mas não houve nenhuma cerimônia em particular nem foram os bispos do mundo inteiro conclamados a unir-se nessa intenção.

Com todos os retornos dados pela irmã Lúcia, é possível observar que Nossa Senhora fez um pedido e que o mesmo deveria ser realizado observando todos os requisitos para que assim fosse dado como completo, mas o que se sucedia era que sempre parecia faltar algo, o que acabava tornando todas as tentativas inválidas.

Ao assumir o pontificado, foi a vez de Paulo VI tentar cumprir a ordem de Nossa Senhora, e, em 21 de novembro de 1964, no termo da terceira sessão do Concílio Vaticano II, na presença de diversas figuras importantes do clero, fez a consagração do Mundo ao Imaculado Coração de Maria. Não satisfeito, menos de três anos depois, em 13 de maio de 1967, o papa, na Exortação Pastoral *Signum Magnum*, recordando as consagrações feitas por Pio XII, convidou os católicos a renovar pessoalmente sua própria consagração ao Coração Imaculado de Maria, Mãe da Igreja. Entretanto, durante o concílio, apesar de vários bispos e cardeais estarem presentes, eles não participaram do ato de consagração, sendo apenas espectadores, o que acabou fazendo com que, segundo Lúcia, aquela tentativa também não fosse aceita pelo Céu.

Chega então a vez de João Paulo II. Em 7 de junho de 1981, embora ainda estivesse internado na Policlínica Gemelli se recuperando do atentado, consagra e confia a Nossa Senhora toda a família humana, para que a tome sob sua proteção materna. E seis meses depois, no dia 8 de dezembro de 1981, o papa pessoalmente repete em alto e bom som a consagração anterior, suplicando que a Virgem acolha em seu coração aquele apelo e abrace os povos que mais necessitam desse afago, cuja consagração Nossa Senhora também espera de modo particular. Mas essas consagrações não foram realizadas nos moldes que, segundo as coordenadas concedidas pela irmã Lúcia, haviam sido indicados por Nossa Senhora.

Ao visitar o local das aparições em 13 de maio de 1982, no mesmo instante em que entregava a bala que quase o matou, João Paulo II, ajoelhado diante da imagem de Nossa Senhora na Capelinha das Aparições, pronunciou, diante da multidão que cercava o local, um novo ato de consagração, unido a todos os membros da Igreja, que pode ser resumido nas palavras pronunciadas por ele naquele dia: "Confiando-Vos, ó Mãe, o mundo, todos os homens e todos os povos, especialmente aqueles... [o papa fez uma pausa de cinco segundos], nós Vos confiamos também a própria consagração em favor do mundo, depositando-a no Vosso Coração materno".

Tendo em vista que naquele ato de 1982 a Rússia não apareceu claramente como o objeto da consagração e que os bispos não organizaram em suas dioceses cerimônias públicas e solenes de reparação e de consagração da Rússia, sendo simplesmente uma renovação da consagração do mundo feita por Pio XII, Lúcia declarou que alguns benefícios poderiam ser gerados por esse ato, mas que ainda não havia sido realizada a consagração da forma desejada.

Então, desejoso de atender plenamente ao que acreditava ser uma solicitação da própria Mãe do Céu, em 8 de dezembro de

1983 João Paulo II enviou uma carta a todos os bispos do mundo, pedindo que, em 1984, o Ano Santo da Redenção, renovassem em união com ele a consagração do mundo ao Imaculado Coração de Maria, indicando como data mais conveniente a solenidade da Anunciação do Senhor.

O Ano Santo da Redenção é a comemoração feita pela Igreja para celebrar a data jubilar da morte de Cristo. Tem como objetivo dedicar um ano inteiro à especial comemoração da Redenção, a fim de que este acontecimento penetre mais profundamente no pensamento e na atividade de toda a Igreja. O período vai da Páscoa de um ano até a Páscoa do ano seguinte.

Tendo em vista essa celebração, foi levada ao Vaticano a imagem que era venerada na Capelinha das Aparições do Santuário de Fátima, diante da qual, em 25 de março de 1984, na imponente Praça de São Pedro, João Paulo II proferiu um novo ato de consagração, em tudo semelhante ao de 13 de maio de 1982, só que, dessa vez, além de os bispos estarem unidos em diversas partes do mundo realizando simultaneamente a consagração, havia a necessidade desse mesmo ato também ser realizado na Rússia. Nessa tentativa, o papa se empenhou pessoalmente para atender todos os itens sinalizados por Nossa Senhora, sem deixar de fora a consagração a ser realizada em território russo.

Mas como poderia um bispo, justamente um representante da tão perseguida Igreja Católica Apostólica Romana, ir à Rússia, o centro do comunismo em seu pleno auge, para realizar tal missão? Parecia algo impossível naqueles dias.

Todavia, havia um corajoso bispo que, entendendo a importância da consagração, aceitou o desafio proposto por João Paulo II. Como num filme de 007, numa operação digna de Hollywood, Dom Llinica, um bispo da então Tchecoslováquia, disfarçado de cidadão comum para não levantar suspeitas, foi a Moscou. Levou em seu bolso dois frasquinhos de remédio, nos quais continham vinho e água, além de um pedaço de pão e dos textos da missa e da consagração. Após comprar um jornal russo de folhas grandes e largas chamado *Pravad* (que traduzindo significa Verdade), dirigiu-se ao Kremlin, situado no centro de Moscou. De forma bastante discreta, abriu o jornal e celebrou a missa. Algo inimaginável de acontecer durante o regime comunista.

Em seguida, Dom Llinica, após celebrar a missa de forma tão discreta, se juntou ao papa e, com os demais bispos do mundo, finalmente realizou a consagração tão aguardada, repetindo as seguintes palavras[13]:

Ó Mãe dos homens e dos povos, Vós que conheceis todos os seus sofrimentos e as suas esperanças, Vós que sentis maternalmente todas as lutas entre o bem e o mal, entre a luz e as trevas que abalam o mundo contemporâneo, acolhei o nosso clamor que, movidos pelo Espírito Santo, elevamos diretamente ao Vosso coração. Abraçai, com amor de Mãe e de Serva do Senhor, esse nosso mundo, o qual Vos confiamos e consagramos, cheios de inquietude pela sorte terrena e eterna dos homens e dos povos.

De modo especial, entregamos a Ti aqueles homens e aquelas nações que desta entrega e desta consagração têm particularmente necessidade.

À Vossa proteção nos acolhemos, Santa Mãe de Deus! Não desprezeis as súplicas que se elevam de nós que estamos na provação!

Encontrando-nos hoje diante Vós, Mãe de Cristo, diante do Vosso Imaculado Coração, desejamos, juntamente com toda a Igreja, unir-nos à consagração que, por nosso amor, o Vosso Filho fez de Si mesmo ao Pai: Santifico-Me por eles para que também eles sejam santificados pela verdade.[14].

Queremos nos unir ao nosso Redentor, nesta consagração pelo mundo e pelos homens, a qual, no Seu coração divino, tem o poder de alcançar o perdão e conseguir a reparação (...)

Neste Ano Santo, bendita sejais acima de todas as criaturas, Serva do Senhor, que obedecestes da maneira mais plena ao chamamento divino. Louvada sejais Vós, que estais inteiramente unida à consagração redentora do Vosso Filho!

Mãe da Igreja, iluminai o povo de Deus nos caminhos da fé, da esperança e da caridade. Iluminai, de modo especial, os povos dos quais Vós esperais a nossa consagração e a nossa entrega. Ajudai-nos a viver na verdade da consagração de Cristo por toda a família humana do mundo contemporâneo.

Confiando-Vos, ó Mãe, o mundo, todos os homens e todos os povos, nós Vos confiamos também a própria consagração do mundo, depositando-a no Vosso coração materno.

Oh, Imaculado Coração, ajudai-nos a vencer a ameaça do mal, que se enraíza tão facilmente nos corações dos homens de hoje e que, nos seus efeitos incomensuráveis, pesa já sobre a vida presente e parece fechar os caminhos do futuro.

Da fome e da guerra, livrai-nos!

Da guerra nuclear, de uma autodestruição incalculável, e de toda a espécie de guerra, livrai-nos!

Dos pecados contra a vida do homem desde os seus primeiros instantes, livrai-nos!

Do ódio e do aviltamento da dignidade dos filhos de Deus, livrai-nos!

De todo o gênero de injustiça na vida social, nacional e internacional, livrai-nos!

Da facilidade em calcar aos pés os mandamentos de Deus, livrai-nos!

Da tentativa de ofuscar nos corações humanos a própria verdade de Deus, livrai-nos!

Da perda da consciência do bem e do mal, livrai-nos!

Dos pecados contra o Espírito Santo, livrai-nos, livrai-nos!

Acolhei, ó Mãe de Cristo, esse clamor carregado do sofrimento de todos os homens, carregado do sofrimento de sociedades inteiras. Ajudai-nos, com a força do Espírito Santo, a vencer todo o pecado: o pecado do homem e o pecado do mundo; enfim, o pecado em todas as suas manifestações.

Que se revele uma vez mais, na história do mundo, a força salvífica infinita da Redenção: a força do amor misericordioso. Que ele detenha o mal, transforme as consciências e manifeste para todos, no Vosso Imaculado Coração, a luz da esperança!

Amém.

Após isso, em correspondência de 29 de agosto de 1989, a irmã Lúcia afirma que a consagração da Rússia "Sim, está feita tal como Nossa Senhora pediu, desde o dia 25 de março de 1984"[15]. Mesmo após essa confirmação, muitas pessoas até os dias de hoje ainda divergem sobre a validade da consagração da Rússia, afirmando que não foram seguidas à risca as instruções de Nossa Senhora nas aparições em Fátima. Mas o fato é que a esse ato, seguiram-se eventos bastante significativos, como a queda do Muro de Berlim, no dia 9 de novembro de 1989, e a dissolução da União Soviética, em 25 de dezembro de 1991, algo inimaginável naqueles tempos de Guerra Fria, demonstrando assim as consequências da consagração.

Numa entrevista ao jornal italiano *La Stampa*, publicada em 1992, Mikhail Gorbachev, o último presidente da União Soviética, afirmou: "Tudo o que se sucedeu na Europa Oriental nestes últimos anos não teria sido possível sem a presença do papa e sem o papel — também político — que ele soube interpretar na cena mundial"[16]. Interrogado sobre esse mesmo assunto pelo jornalista italiano Vittorio Messori[17], João Paulo II negou o seu protagonismo pessoal no desencadear da história: "Convém evitar uma simplificação excessiva, porque o comunismo caiu em consequência dos seus próprios erros e abusos". E, perante a insistência de Messori, o papa comentou: "Que dizer das três crianças portuguesas de

Fátima, que, de improviso, às vésperas da Revolução de Outubro, ouviram: 'A Rússia se converterá e, por fim, o Meu Imaculado Coração triunfará?'. Elas não conheciam história nem geografia e ainda menos se orientavam em matéria de movimentos sociais e de desenvolvimento das ideologias. E, todavia, aconteceu exatamente o que haviam anunciado. Talvez também por isso o papa tenha sido chamado de um país distante, talvez por isso fosse necessário que se desse o atentado na Praça de São Pedro a 13 de maio de 1981, aniversário da primeira aparição em Fátima, a fim de que tudo isso se tornasse mais transparente e compreensível, a fim de que a voz de Deus que fala na história dos homens mediante os sinais dos tempos pudesse ser mais facilmente ouvida e compreendida"[18]. E assim, João Paulo II demonstrou sua crença plena de que esses fatos não estavam ligados pelo simples acaso, mas, sim, por uma engenharia divina que conduz toda a humanidade.

João Paulo II foi um homem tão marcante que, após o anúncio da sua morte, aos 84 anos, no dia 2 de abril de 2005, além da multidão presente na Praça de São Pedro para a missa de corpo presente, havia também diversas equipes de TV e 75 chefes de estado, entre eles presidentes, príncipes e outras autoridades. Era tanta gente que a população de Roma dobrou durante esse evento, e as pessoas esperaram mais de 24 horas para ver o corpo do papa, passando diante de seu caixão de forma ordeira e silenciosa.

Ele foi canonizado em 27 de abril de 2014 em uma cerimônia celebrada pelo papa Francisco junto ao papa emérito Bento XVI, passando a ser chamado de São João Paulo II. Sua festa litúrgica é celebrada no dia 22 de outubro.

Fátima e suas curiosidades

Capítulo 25

O Santuário

Após a aparição de 13 de outubro de 1917, o número de peregrinos que rumavam para a Cova da Iria aumentou ainda mais, já que vários repórteres se misturaram à multidão para presenciar o Milagre do Sol e noticiaram o ocorrido nos seus periódicos, como foi o caso do jornal *O Século*, um dos mais populares de Portugal na época.

Obedecendo ao pedido que Nossa Senhora fez na quarta e na sexta aparição, para que se erguesse uma capela em sua honra, esta só ficou pronta quase dois anos depois. A construção, iniciada em 28 de abril de 1919, foi feita com o dinheiro deixado na Cova da Iria pelos fiéis e, como a Igreja não participou da obra, alegando que precisava comprovar os fatos antes de dá-los como verídicos, a capelinha foi inaugurada em 15 de junho de 1919 sem grandes pompas, mas com a devida autorização do pároco de Fátima, que em contrapartida pediu apenas que a sua anuência não fosse revelada.

Pequenina e modesta, aquela casinha de aproximadamente 15 m² atraía cada vez mais e mais pessoas, deixando as autoridades bastante irritadas. De um lado, o governo português tentava mudar os rumos do país eliminando a influência da Igreja Católica, e, do outro, a singela capelinha alimentava cada vez mais a fé do povo.

Tendo como função principal acolher o peregrino, em especial os doentes, em 1924 é dado início à construção de um albergue para atendê-los e, no ano de 1926, é instalado ali um posto de verificações médicas. No ano seguinte, diante do número cada vez maior de pessoas com problemas de saúde que ali acorriam, surge o posto de atendimento do Santuário, que aos poucos foi aparelhado e composto por uma equipe formada de voluntários que fazem parte da Associação dos Servitas de Fátima, que até os dias de hoje realiza um trabalho importante e totalmente gratuito atendendo aos doentes e às pessoas que se sentem mal durante as grandes celebrações realizadas em Fátima.

O tamanho do Santuário impressiona os peregrinos. Assim que lá chegam, avistam uma grande esplanada onde está localizada a Capela das Aparições, carinhosamente chamada de "Coração de Fátima", ou simplesmente Capelinha, que guarda a imagem de Nossa Senhora de Fátima no exato local onde estava a carrasqueira sobre a qual ela surgiu em suas cinco aparições.

Na Capelinha foi construído, em 1982, um alpendre para a visita de João Paulo II, no dia 13 de maio desse mesmo ano. A Capelinha até então era protegida por um telhado baixo, capaz de abrigar apenas algumas poucas pessoas. Para acolher de forma mais apropriada os devotos, o Santuário realizou um concurso para eleger o melhor projeto que fosse capaz de servir de cobertura. A proposta vitoriosa foi a do renomado arquiteto português José Loureiro, professor da Escola de Belas-Artes do Porto e autor de outras obras de relevância em seu país. Além de receber a tão aguardada visita de João Paulo II, a Capelinha recebeu também, posteriormente, Bento XVI e Francisco.

Essa nova cobertura de estilo moderno, mas sem exageros, não esconde a singeleza da Capelinha, tão simples com seu telhado em estilo colonial ao centro. Todas as quatro colunas estão dispostas de tal maneira que conduzem o olhar do fiel até a imagem da Virgem e ao pedestal que a sustenta, erguido exatamente no local da pequena azinheira onde Nossa Senhora apareceu. Um fato curioso é que o teto do alpendre é todo feito de madeira vinda justamente da Rússia, capaz de resistir às mudanças climáticas sem empenar. As enormes portas laterais podem ser abertas para que mais peregrinos consigam se aproximar, e a parte frontal é totalmente aberta, como se dissesse aos que chegam: "Podem entrar. Todos são bem-vindos".

Mais acima, fica a Basílica de Nossa Senhora do Rosário e sua colunata com uma grandiosa Via-Sacra. Foi exatamente nesse local que os Três Pastorinhos estavam brincando junto aos seus rebanhos quando viram pela primeira vez o clarão que acharam ser um relâmpago. Com medo da chuva, eles correram até o local onde de fato tudo aconteceu. Há ainda uma segunda basílica, dedicada à Santíssima Trindade, inaugurada em outubro de 2007 para abrigar um maior número de fiéis, com 8.633 lugares e capacidade para receber cerca de cem sacerdotes ao mesmo tempo em seu altar.

Nesse amplo terreno podemos encontrar ainda três locais dedicados a abrigar peregrinos, onde são realizados retiros espirituais. São eles o Centro Pastoral de Paulo VI, que conta com um grande anfiteatro para 2.124 pessoas, salas para encontros, capela, alojamento e refeitório; a Casa de Retiros Nossa Senhora do Carmo, destinada à realização de encontros de formação e outras atividades de cunho educativo e pastoral, bem como ao alojamento dos seus respectivos participantes, e que no passado abrigou um hospital de mesmo nome; e a Casa de Retiros de Nossa Senhora das Dores, que também se destina a essas mesmas atividades e ainda onde também funciona o pronto-socorro do Santuário.

A parte administrativa também ocupa um imenso espaço, abrigando a Reitoria e os serviços de administração, de acolhimento de peregrinos, de alojamento, de estudos e difusão e a Pastoral Litúrgica.

Há ainda nesse setor uma parte subterrânea, com acesso restrito por questões de segurança, onde todos os objetos ofertados pelos devotos à Nossa Senhora de Fátima são devidamente arquivados e catalogados. Encontram-se nesses enormes corredores amplas estantes, contendo desde terços de plástico, brinquedos de crianças, crucifixos e imagens até joias e objetos de arte. Todas as peças oferecidas pelos devotos são tratadas com a mesma importância e passam por uma equipe de restauradores que trabalha especialmente nessa seção.

As peças ofertadas de maior relevância ficam visíveis ao público no Museu do Santuário, na exposição permanente intitulada *Fátima: luz e paz*. Nessa exposição, os peregrinos encontram as rosas de ouro doadas pelos papas assim como vestes litúrgicas por eles usadas. Também podem ser vistos cálices e demais objetos utilizados nas principais celebrações, assim como a coroa de pedras preciosas com a bala e diversas joias ofertadas por devotos.

A cerca de dois quilômetros fora dos muros, em uma área que também pertence ao Santuário, está a Casa-Museu de Aljustrel. Inaugurada em 1992, foi o primeiro museu do Santuário, devidamente instalado na antiga residência de Maria Rosa, madrinha de batismo da Lúcia.

Bem perto dali, há outro local que atrai muitos peregrinos: a casa de Francisco e Jacinta. E, a duzentos metros da casa dos primos, fica a casa da Lúcia, outro ponto de grande importância para os visitantes de Fátima. O imóvel foi doado para o Santuário em 1981 pela própria irmã Lúcia e foi o local onde os Três Pastorinhos passaram pelos primeiros interrogatórios e que ainda tem preservadas em seu quintal as figueiras à sombra das quais as três crianças brincavam e se escondiam quando eram procuradas por devotos ou curiosos.

Não é de se estranhar que a Capelinha das Aparições seja o ponto mais visitado de todo o Santuário. Devido à sua relevância, tem afixada em seu teto uma câmera que transmite, via internet, 24 horas por dia, as imagens do altar, permitindo assim que devotos de todo o mundo possam assistir às celebrações que ali acontecem ou simplesmente admirar a imagem de Nossa Senhora, fazendo suas orações.

A primeira missa celebrada no Santuário ocorre às cinco horas da manhã, em polaco, justamente no ponto exato das aparições. Esse foi um pedido especial feito pelos poloneses, que insistem em ser sempre os primeiros do dia a rezar diante de Nossa Senhora, mesmo estando a quilômetros de distância.

Os devotos internautas são assíduos e, como consequência, conhecem muito bem a imagem principal. Chovem e-mails, telefonemas e cartas quando precisam substituí-la pela imagem peregrina, como aconteceu no dia que a imagem foi retirada para que o seu estado de conservação fosse avaliado. As transmissões via internet passaram a ser imprescindíveis e grandes aliadas na propagação da devoção a Nossa Senhora de Fátima.

Há ainda numa das entradas do Santuário um grande bloco de concreto armado, medindo 3,6 m de altura por 1,2 m de largura e pesando mais de duas toneladas. Trata-se de um pedaço do Muro de Berlim que foi transformado num monumento e que fica permanentemente exposto, protegido por vidros.

Esse monumento foi doado por um grupo de portugueses, liderado por Virgílio Casimiro, um português que imigrou para a Alemanha, e precisou do auxílio do Consulado-Geral de Portugal, em Frankfurt, para chegar até Fátima, sendo inaugurado em 13 de agosto de 1994.

Num reconhecimento de toda a ação realizada pelo papa João Paulo II para a queda do Muro de Berlim e o fim da União Soviética, graças à sua relação com a mensagem de Fátima, há no monumento uma placa com a seguinte frase, proferida por João Paulo II, na sua segunda visita a Fátima, em maio de 1991: "Obrigado, Celeste Pastora, por terdes guiado com carinho os povos para a liberdade!"[1].

O mesmo emigrante português ofereceu ainda um outro importante presente, um terço confeccionado com pequenos fragmentos de concreto do Muro de Berlim, que foram unidos e transformados em contas. O mais interessante é que as cinco contas referentes ao Glória foram feitas com pedras dos palácios governamentais de cada um dos cinco novos estados da Alemanha reunificada e foram oferecidas pelos seus respectivos governadores. Esse objeto tão fascinante não só do ponto de vista artístico, mas principalmente por sua importância histórica, encontra-se em exposição no museu do Santuário.

Capítulo 26

A imagem

Sem uma figura central para assinalar as Aparições, um fiel chamado Gilberto Fernandes dos Santos encomendou à Casa Teixeira Fânzeres, em Braga, a confecção de uma imagem a partir de indicações do padre Formigão, o primeiro a interrogar os Pastorinhos sobre as aparições de Fátima.

Esculpida em madeira pelo santeiro José Ferreira Thedim, teve como inspiração a imagem de Nossa Senhora da Lapa. Medindo pouco mais de 1 m de altura, a imagem foi abençoada pelo pároco de Fátima em 13 de maio de 1920, mas foi impedida por forças militares de ser levada à Cova da Iria. Somente em 13 de junho de 1920 a imagem foi colocada na Capelinha das Aparições, onde permanece até hoje, tendo sofrido apenas algumas pequenas alterações com o passar do tempo, como uma restauração em 1951 realizada pelo seu escultor, e alguns pequenos retoques ao longo dos anos.

Nessa restauração, Thedim pediu permissão à irmã Lúcia para efetuar algumas discretas alterações artísticas. O escultor retirou da imagem as pequenas sandálias que Lúcia calçava inicialmente, simplificou as vestes e afilou o rosto.

Desde que foi colocada na Capelinha das Aparições, a imagem saiu de lá somente doze vezes e por ocasiões especialíssimas, sendo a última em 2013, quando a imagem foi ao Vaticano a pedido do papa Francisco para a renovação da consagração do mundo a Nossa Senhora de Fátima.

Outra dessas doze saídas ocorreu também no ano de 2013, quando a imagem foi submetida a um primeiro exame para averiguar o seu estado de conservação. Com enorme reverência e um aparato de alta segurança, a imagem foi colocada num estojo de napa almofadado e conduzida por guardas e agentes da companhia de seguros responsável pelo Santuário até o local da análise. Durante as 35 horas em que ficou ausente da Capelinha das Aparições, foi estudada por cientistas, físicos e químicos, que investigaram cada milímetro, utilizando equipamentos de ponta.

Talhada em madeira de cedro do Brasil, com aplicação de policromia e douramento, esses especialistas descobriram que a altura da imagem é de precisamente 1.037 mm, pesa 19 kg e, de acordo com Carla Rego, professora do Instituto Politécnico de Tomar e especialista em conservação, "está em muito bom estado"[2].

Todas as noites a imagem era retirada do seu pedestal e guardada dentro da Capelinha, mas, após pedidos de vários internautas do mundo inteiro, que gostavam de vê-la ao vivo a qualquer hora do dia, da noite, ou até mesmo de madrugada, ela passou a ficar permanentemente exposta, mas sempre muito bem protegida, tanto pelos vidros blindados que a envolvem quanto pelos 32 seguranças que vigiam constantemente todo o Santuário. Esses vidros blindados, por sua vez, são uma espécie de elevador. Ficam repousados em cima do pedestal de mármore que sustenta a imagem e, quando necessário, sobem, acionados por um mecanismo eletrônico, dando mais charme à retirada da imagem nas cerimônias realizadas nas principais datas festivas.

Capítulo 27

O Formigão

ALÉM DOS PASTORINHOS, Fátima tem um personagem de grande importância para sua história: o cônego Manuel Nunes Formigão.

Com apenas nove anos de ordenação, Formigão foi convidado pelo arcebispo de Mitilene[3] para investigar o que de fato se passava em Fátima. Um dos motivos dessa escolha se deveu a sua grande devoção a Nossa Senhora, tendo ele se consagrado à Virgem em Lourdes, na França.

Ao tomar conhecimento das aparições na Cova da Iria, ao mesmo tempo que decidiu não dar grande importância ao assunto, afirmou que o fato deveria ser estudado, tendo em vista a crescente afluência de pessoas que acorriam ao local. Com a notícia da prisão das três crianças videntes, sentiu a necessidade de investigar o assunto de perto, encaminhando-se a Fátima antes da quinta aparição, no mês de setembro.

Desde aquele momento, o cônego passou a investigar e a registrar tudo o que podia. Interrogou os Pastorinhos inúmeras vezes, conversou com familiares, vizinhos e peregrinos, deixando tudo devidamente registrado.[4] Sempre muito comedido, não se deixando levar pela empolgação devocional, escreveu um artigo para o jornal português *A Guarda*, em 11 de outubro de 1917, no qual dizia: "Cedendo a um sentimento de curiosidade, justificada por fatos tão extraordinários, embora sem lograr vencer de todo a repugnância que sentia em fazê-lo, pelo receio de parecer dar importância excessiva ao que talvez não passasse duma ridícula superstição, resolvi partir para Fátima, juntamente com alguns amigos". E terminou o artigo afirmando: "Regressei de Fátima mais cético, apesar de me ter comovido bastante ao testemunhar a fé ardente e a piedade sincera dos peregrinos"[5].

Após os primeiros interrogatórios, Formigão passou a ter uma impressão bastante diferente da anterior. Sem ainda chegar ao sobrenatural dos acontecimentos, a sinceridade dos Pastorinhos lhe pareceu indubitavelmente evidente.

Ao longo do tempo, além de investigar o caso de perto, o cônego passa a contribuir regularmente com os jornais *A Guarda*, *A.B.C.* e *Novidades*, fornecendo todas as informações pertinentes ao caso. Percebendo não tratar-se de um embuste, tendo em vista o convívio com as três crianças e os diversos interrogatórios a que as submeteu, bem como os abundantes testemunhos a ele confiados e por ter testemunhado o Milagre do Sol, Formigão dedica-se à aquisição dos terrenos e à construção da Capelinha.

Desejoso de atender ao pedido que Nossa Senhora fizera para que construíssem ali uma capela em sua honra, e também pensando no futuro, o cônego sabia que muitos fiéis seriam atraídos ao local. Nessa intenção, convocou os proprietários dos terrenos, não somente daquele onde ficaria a Capelinha e que pertencia à família de Lúcia, mas também dos que estavam em volta, e adquiriu suas terras por meio de doações dos proprietários ou a preços simbólicos. Formigão passou então a ser uma espécie de empreendedor de Fátima, fazendo o melhor possível para o progresso do local.

Sua atuação foi tão importante para a construção de Fátima que Dom João Pereira Venâncio, segundo bispo de Leiria, declarou: "Através da sua ação e da sua pena ao serviço da Igreja e dos acontecimentos de Fátima, o cônego Formigão antecipou-se à Igreja que bem serviu. Depois dos Pastorinhos, o sr. Formigão foi o instrumento escolhido por Nossa Senhora para garantir a autenticidade desses acontecimentos"[6].

Sob o pseudônimo de "Visconde de Montelo", Formigão escreveu vários livros que foram de grande relevância para a aceitação das aparições na Cova da Iria pelo clero, entre eles: *As grandes maravilhas de Fátima* (1927); *Fátima, o Paraíso na Terra* (1930, para ajudar na construção da primeira basílica); A *pérola de Portugal* (1931); *Fé e pátria* (1936).

Considerado como o "quarto pastorinho" devido à sua importância para a história de Fátima, no ano 2000, a Conferência Episcopal Portuguesa concedeu a anuência para a introdução da causa de beatificação e canonização do Apóstolo de Fátima, título que Formigão carinhosamente recebeu pelos serviços prestados. Hoje, seus restos mortais encontram-se em Fátima, num mausoléu localizado na Casa de Nossa Senhora das Dores, que o próprio ajudou a construir, e o espaço pode ser visitado diariamente. Lá também estão alguns objetos que marcaram a sua vida, desde fotografias, paramentos, até pertences pessoais, como os óculos ou o relógio que usava.

Em 2018, o papa Francisco aprovou a publicação do decreto que reconhece as "virtudes heroicas"[7] do cônego Formigão, após uma audiência concedida ao prefeito da Congregação para as Causas dos Santos, cardeal Angelo Amato.

Capítulo 28

Água que brota

Por volta de 1917, os portugueses eram acusados de imitar os franceses, e essa foi mais uma reprovação que recaiu sobre as aparições de Fátima, já que um dos pontos principais das aparições que ocorreram alguns anos antes em Lourdes, na França, foi o surgimento de uma fonte de água cristalina que, segundo Nossa Senhora, curaria os doentes que ali acorressem. Então, não é de se estranhar que uma fonte descoberta em Fátima causasse desconfiança e fosse tachada como manipulação.

O local das aparições, assim como suas redondezas, está situado num terreno calcário e arenoso, ou seja, incapaz de reter umidade, o que fazia com que os habitantes construíssem depósitos para armazenar a água da chuva que escorria pelos beirais das casas. O problema de abastecimento de água era algo que preocupava a todos, principalmente após a construção da Capelinha, que certamente aumentaria — e muito — o fluxo de peregrinos. E foi exatamente o que ocorreu. Após a celebração da primeira missa campal, no dia 13 de outubro de 1921, veio a necessidade de expandirem-se as construções, de forma que a escassez de água tornou-se um verdadeiro problema.

Foi então que o bispo de Leiria, Dom José Alves Correia da Silva, que permaneceu no posto de 1920 a 1957, teve a ideia de explorar o solo e ordenou aos operários que procurassem algum vestígio de água. A princípio, a ideia foi considerada inútil, e não faltaram camponeses para rir do bispo, afirmando que ele gastaria dinheiro à toa, já que, por ser de fora, nada sabia sobre aquelas terras.

Mesmo assim, o bispo insistiu na sua inspiração e apontou o local que deveria ser aberto, localizado no fundo da Cova da Iria, precisamente no lugar em que estavam os Pastorinhos no momento da primeira aparição. Assim, no dia 13 de novembro de 1921, obedecendo a ordem de Dom José, qual não foi a surpresa quando os operários abriram uma valeta de pequena dimensões e viram brotar água cristalina! Estavam bem próximos da azinheira tida por todos como sagrada, o que fez com que dissessem que foi um milagre dos Céus ou do próprio bispo.

Passado algum tempo, com o contínuo crescente de fiéis, Dom José decidiu que deveriam cavar mais dois poços a poucos metros do primeiro e, como aconteceu da primeira vez, mais água cristalina brotou.

Foi construído então um reservatório de cimento armado com quinze torneiras, das quais os peregrinos podiam beber à vontade e gratuitamente. Em cima desse fontanário, foi colocada uma imagem do Sagrado Coração de Jesus.

A fonte milagrosa passou a ser muito concorrida não somente por aqueles que tinham sede, mas principalmente por aqueles que estavam em busca de algum milagre. Filas enormes eram feitas em torno das torneiras. Peregrinos levavam garrafas ou qualquer outro recipiente no qual pudessem carregar para casa o precioso líquido. Na bacia logo abaixo das torneiras, as pessoas se banhavam à espera de uma cura.

Com o passar dos anos e pelo grande número de visitantes que recebia, o Santuário sentiu necessidade de minimizar o declive do terreno, que era bastante acentuado. Assim, foi realizada uma grande obra de terraplanagem, e o fontanário passou para o subsolo, com acesso restrito a funcionários do Santuário. Entretanto, para que os peregrinos ainda pudessem fazer uso da água que consideram milagrosa, algumas poucas torneiras foram redirecionadas para a superfície e, dessa forma, os devotos podem matar a sede e encher suas garrafas para levar a água para doentes de todo o mundo. Essas torneiras encontram-se junto do Monumento ao Sagrado Coração de Jesus e podem ser facilmente avistadas por quem visita o Santuário.

Os céticos dizem que a água já estava lá, entretanto, ninguém esperava que surgissem fontes límpidas e abundantes daquele terreno tão árido. Até hoje, a Igreja registra diversos milagres alcançados pelos que dela beberam. Além disso, a água jamais parou de jorrar das torneiras, nem mesmo nos dias de seca mais severa.

Capítulo 29

Atentado a bomba

Com mais essa fonte de milagres — literalmente —, Fátima passou a ser uma ameaça para o governo, que via a religião como uma inimiga da ordem vigente.

Assim, na madrugada de domingo para a segunda-feira 6 de março de 1922, mais precisamente às três da manhã, o som de explosões ecoou pelos vales, vindo diretamente da Cova da Iria. Os moradores, assim como os peregrinos, acordaram assustados, sem conseguir acreditar no que estava acontecendo. Ao chegarem lá, viram que a porta da Capelinha havia sido arrombada por uma picareta e que havia quatro buracos nas paredes a distâncias iguais e uma bomba em cada um deles. Essas quatro bombas explodiram, fazendo com que o teto de madeira queimasse por inteiro e com que as paredes, apesar de permanecerem de pé, ficassem bastante danificadas. Havia ainda um quinto explosivo, colocado junto à raiz da azinheira onde Nossa Senhora aparecera, mas que felizmente não explodiu.

A imagem de Nossa Senhora só não foi pelos ares graças à ação de uma mulher chamada Maria Carreira, mais conhecida como Maria da Capelinha, que devotamente — tornando-se uma espécie de zeladora voluntária do local — recolhia a imagem todas as noites.

O autor do atentado nunca foi encontrado, mas as suspeitas recaíram sobre o governo, que, desde a implantação da República Portuguesa, em outubro de 1910, combatia declaradamente a religião, em especial a Igreja Católica. Muitos republicanos consideravam que as aparições eram apenas mais uma evidência da crendice e do atraso que dominavam o país. Porém, ironicamente, grande parte da imprensa republicana acabou tendo um papel decisivo na promoção do fenômeno, pois, ao ridicularizá-lo e menosprezá-lo, acabaram criando uma reação de defesa organizada por muitos católicos e, com isso, ajudaram a fortalecer a crença nos acontecimentos e divulgá-los a um número ainda maior de pessoas.

Os fiéis, entretanto, não se deixaram abalar e logo começaram a restauração da Capelinha, que foi reinaugurada em 13 de janeiro de 1923.

No ano de 2016, a Capelinha foi alvo de um novo ataque. Dessa vez, após a oração do terço das nove horas da noite, um carro entrou no pátio do Santuário em alta velocidade. Ao volante, estava um homem de 24 anos, que fez com que o carro se chocasse contra um pequeno muro que fica em frente à Capelinha, danificando sua primeira porta lateral, só parando ao colidir com a porta principal, que dá acesso direto ao altar.

Segundo o relato de Carmo Correia[8], uma das funcionárias do Santuário, após a colisão, o homem saiu do carro pela janela, já que o automóvel ficara preso entre os muros, e, segurando um macaco, tentou danificar a imagem de Nossa Senhora, que é protegida por uma redoma blindada. Segundo Carmo, a imagem permaneceu totalmente preservada. O máximo que o homem conseguiu foi causar alguns danos na redoma que a envolvia.

O jovem foi imobilizado pelos seguranças do Santuário e entregue à polícia. Conforme relatou o capitão Carlos Canatário, da delegacia de Fátima, o autor do ato possuía um histórico de doenças psiquiátricas.

A última tentativa de atentado ao Santuário ocorreu em 2017, ano das comemorações do centenário de Fátima, que contaram com a presença do papa Francisco.

Conforme uma matéria publicada no jornal português *O Sol*[9], um marroquino planejava explodir uma bomba no Santuário, atingindo o papa e milhares de fiéis. Mas a inteligência da polícia de Portugal e do Vaticano, por meio de seus Serviços de Informação e Segurança, descobriu a tempo o plano e agiu com eficiência.

O acusado, que já vinha sendo vigiado, fez várias compras suspeitas de substâncias utilizadas para a confecção de bombas artesanais e convenceu sua esposa, uma bombeira portuguesa que trabalhava em Ourém, a deixar com que se infiltrasse na ambulância que estava sempre nas proximidades do papa — plano que felizmente ele não conseguiu levar a cabo. O marroquino foi expulso de Portugal e encaminhado ao seu país de origem enquanto a bombeira foi exonerada da corporação.

Pouco se ouviu falar sobre essa tentativa de atentado, pois a notícia foi propositalmente abafada, evitando que esse episódio tirasse o foco das comemorações do centenário de Fátima e criasse um clima de insegurança que certamente acabaria por afetar o turismo em Portugal.

Capítulo 30

Imagens peregrinas

Quem conhece Fátima sabe da existência das imagens peregrinas, mas a maioria das pessoas não sabe o motivo da existência delas nem como sua peregrinação teve início.

O surgimento dessas imagens deve-se à criação da Ação Católica Portuguesa (ACP), em 1933, após o fim da perseguição do Estado português ao catolicismo, com o objetivo de incentivar a participação dos leigos na Igreja, além de ser o seu braço na sociedade. Sem envolver participação de movimentos políticos, essa foi a forma encontrada pelo cardeal Manuel Gonçalves Cerejeira e incentivada pelo papa Pio XI para trazer de volta e reaproximar todos os cristãos afastados pelas perseguições anteriores. A ACP reunia todos os movimentos católicos da época, incentivando a criação de novas associações religiosas. Um dos mais importantes movimentos surgidos nessa época foi a Juventude Católica Feminina (JCF), organização mundial que incentivava a participação das leigas no apostolado.

O ano era 1943, auge da Segunda Guerra Mundial, conflito do qual Portugal não participou — segundo os fiéis, graças à intervenção de Nossa Senhora de Fátima. Durante uma reunião do Conselho Nacional da JCF, realizada em Fátima, surgiu a ideia de fazer uma peregrinação em ação de graças caso a guerra terminasse. Ao mesmo tempo, bem longe dali, na Bélgica, um padre chamado Demoutiez traçava um plano idêntico, com a mesma intenção.

Um ano após o fim da guerra, em 1946, a JCF, numa grande reunião de seu conselho internacional para traçar os planos dessa visitação à Cova da Iria, achou que seria mais oportuno levar a imagem aos países martirizados e prejudicados pela guerra, possibilitando assim que mais pessoas pudessem agradecer pela intercessão de Nossa Senhora.

Era verdadeiramente uma ideia bastante ousada para a época, ainda mais quando pensamos em todas as dificuldades de comunicação e locomoção, lembrando também que a Europa estava arruinada por um dos piores conflitos da história da humanidade. Coincidentemente, um outro padre, agora de Berlim, nesse mesmo período enviou uma carta a Roma dando a mesma sugestão, solicitando que a imagem de Nossa Senhora de Fátima deixasse o Santuário e visitasse as capitais europeias.

As senhoras da JCF, após receberem a permissão do Patriarca de Lisboa, enviaram cartas a diversos bispos espalhados pela Europa. Como resposta, receberam cartas em que os bispos expressavam receio de que a peregrinação fosse um fracasso, devido às consequências da guerra. Contudo, mesmo com as dificuldades impostas, no ano de 1947, o padre Demoutiez encaminhou-se a Fátima e, assim, com as integrantes da JCF, deu início ao plano da primeira peregrinação internacional de Nossa Senhora de Fátima.

Quando a irmã Lúcia soube do que estavam planejando, sugeriu que pedissem ao bispo de Leiria uma imagem especial para esse fim e descreveu com detalhes como a mesma deveria ser esculpida. E assim se deu.

Nossa Senhora, no seu andor, passava de cidade em cidade portuguesa, ouvindo preces e gritos de alegria como "Nossa Senhora Peregrina, rogai por nós!". A imagem foi encaminhada à fronteira do país, e, quando chegou à Espanha, havia uma multidão à sua espera, mesmo com o atraso de doze horas. Os 200 mil fiéis aguentaram firmes durante a longa espera, e, assim que a imagem chegou, foi realizada uma missa.

Após passar por diversas cidades espanholas, a imagem peregrina chegou à França. Maria Teresa Pereira da Cunha — que ficou conhecida como "a Dama de Companhia de Nossa Senhora" — e o padre Demoutiez — "o Pajem de Nossa Senhora" — acompanharam a imagem pela ponte que dividia os dois países e bem no meio do trajeto soldados espanhóis passaram o andor para os braços de soldados franceses, todos comovidos devido aos penosos sofrimentos causados pela guerra, como se ali não houvesse lados opostos, e sim uma união para o bem comum da humanidade.

Na França, Teresa e o padre Demoutiez testemunharam mais cenas comoventes, como a protagonizada por freiras beneditinas que levavam uma vida austera de penitência e oração, trabalhando no campo, isoladas, sem conversar com mais ninguém além da madre superiora. Elas usavam um véu espesso que cobria completamente os seus rostos, impedindo que suas próprias companheiras pudessem ver umas às outras. Entretanto, durante a passagem de Nossa Senhora, elas receberam uma licença especial para levantar seus véus, como uma forma de homenagem e respeito, sendo que algumas o fizeram em público pela primeira vez desde a ordenação.

Além de hospitais e tantos outros lugares, Nossa Senhora também passou por pequenas aldeias em ruínas e, numa delas, a comitiva ouviu um padre que aguardava voltar-se para a imagem e confessar com a voz embargada pela tristeza: "Tenho apenas um único cristão na minha freguesia!"[10].

Muitos casos de conversão foram registrados, até mesmo de pessoas que havia muitos anos estavam afastadas da Igreja, levando uma vida desregrada, que pediam ao padre Demoutiez para se confessar, retornando, assim, à religião e à prática da piedade.

E Nossa Senhora continuou sua peregrinação pela Bélgica, chegando até mesmo a descer numa mina a 960 metros de profundidade durante a celebração de uma missa para abençoar os mineiros que ali trabalhavam.

Em seguida, foi a vez da Holanda, que recebeu a Virgem de Fátima num clima igualmente festivo, com aviões acompanhando do ar a procissão e jogando pétalas de flores pelo caminho. Num hospital holandês, a imagem peregrina visitou o leito de 550 doentes. Além de católicos, havia também protestantes, judeus e pagãos, e nenhum deles se recusou a recebê-la.

Apesar de os holandeses serem conhecidos por seu temperamento reservado, por onde passou Nossa Senhora de Fátima recebeu olhares admirados e reverências carinhosas. As pessoas formaram longas filas para tocar a imagem e muitos a beijavam com ternura.

Ao chegar a vez de Luxemburgo, a imagem peregrina visitou uma pequena vila martirizada pela guerra, cuja igreja havia sido atingida por 42 bombas. A Virgem foi carregada em meio a santos quebrados, o chão repleto de rombos e o que restara das paredes, como uma mãe que olha com piedade o estrago feito por seus filhos. Numa maternidade, uma criancinha que acabara de nascer foi colocada a seus pés, junto com outros oitenta recém-nascidos. Luxemburgo marcou o fim da primeira jornada da imagem peregrina. Após essa viagem, foi realizada uma pausa, na qual a imagem e toda a equipe que a acompanhava retornaram a Portugal, onde uma nova etapa da peregrinação já começava a ser planejada.

A segunda jornada aconteceu no ano seguinte e visitou as ilhas da Madeira e dos Açores, além da África Portuguesa. A comitiva partiu em 7 de abril de 1948 numa barca, desceu o rio Tejo e depois seguiu pelo oceano Atlântico até a Ilha da Madeira. Como de costume, a imagem peregrina foi recebida com uma linda festa. Entre a grande multidão que estava no cais, encontravam-se autoridades militares e civis. Vários cestos foram abertos e deles saiu uma belíssima revoada de 2 mil pombas brancas. Após visitar toda a ilha, presenciando mais testemunhos de milagres e curas, a comitiva retornou ao barco, que seguiu pelo oceano Atlântico rumo a Cabo Verde.

Tudo era motivo de festa nessa ilha que vivia em extrema miséria. Em meio a sua simplicidade, os locais estenderam bandeirinhas de papel e decoraram os muros com recortes de revistas, demonstrando o mesmo amor que outras localidades bem mais abastadas haviam dedicado a Nossa Senhora de Fátima.

A viagem seguiu por Guiné, Açores, Angra, Graciosa, São Miguel, São Jorge, Pico, Faial, Corvo, Flores e Santa Maria. De ilhota em ilhota, Nossa Senhora navegou entre povos muito humildes, passando ainda por São Tomé antes de chegar a Angola, onde foi emprestado um avião para que a Nossa Senhora Peregrina pudesse sobrevoar todo o território do país. No dia seguinte, a imagem atravessou de automóvel a selva africana, espreitada no meio do mato por olhos brilhantes e curiosos.

Chegou então a vez de Moçambique, onde, em meio a festas, a imagem passou pelas cidades de Lourenço Marques, Beira e Nampula, que encerrou essa etapa da peregrinação. Os membros da equipe estavam felicíssimos ao ver Nossa Senhora sendo recebida com tanta festa, amor e carinho em todos esses lugares, sem contar os inúmeros relatos de milagres que colheram pelo caminho. Isso compensava o imenso cansaço que aqueles homens e mulheres também sentiam, afinal, não deve ter sido nada fácil estar a muitos quilômetros de distância de seus familiares e do conforto de sua casas, trabalhando sem cessar.

Na terceira jornada, a comitiva visitou o Marrocos, a África do Sul, as Rodésias do Norte e do Sul (atual Zâmbia), o Quênia, Zanzibar, Tanganica (atual Tanzânia), Uganda, Etiópia, Eritreia, Egito e Líbia. O grupo passou por uma cidade com 25 mesquitas e apenas uma única igreja católica e por outra que tinha apenas cinco cristãos, mas mesmo assim observou sempre um extremo respeito por parte do povo, que, muito alegre, cantava e festejava. Protestantes, islâmicos, hindus, embaixadores, sultões, governadores e indígenas faziam reverência à Peregrina.

Em Bukoba, na Tanzânia, houve um acontecimento que deixou a todos perplexos. Assim que o barco com a imagem se aproximou do porto, foi coberto por uma nuvem dourada. O fenômeno foi visto por todos que lá estavam, deixando até mesmo o bispo da cidade maravilhado com o "véu que envolveu o gracioso barco"[11]. Outro fenômeno belíssimo aconteceu na chegada à Etiópia, quando uma revoada de pombas brancas escoltou o avião que trazia a comitiva. As aves só saíram de perto da aeronave no momento da aterrissagem, deixando atônita toda a multidão que aguardava na pista de pouso.

E assim se passaram dois anos e dois meses de peregrinação, com algumas poucas pausas, momentos que ficaram marcados para sempre no coração tanto dos membros da equipe quanto dos que carinhosamente receberam a visita da imagem peregrina de Nossa Senhora de Fátima.

No Brasil, a visita aconteceu no ano de 1952, e coube à Bahia ser o primeiro estado a recepcioná-la. Foram 120 dias percorrendo várias cidades no Ceará, na Paraíba, em Pernambuco, no Rio Grande do Norte, Pará e Rio de Janeiro, onde, no estádio lotado do Maracanã, com cerca de 200 mil pessoas, foi realizada uma das três maiores festas dedicadas à Nossa Senhora em toda a história. As demais festividades desse porte aconteceram em Madri, na Espanha, e em Goa, na Índia.

Depois de mais de meio século de peregrinação, a Reitoria do Santuário de Fátima entendeu que a imagem peregrina original, ou seja, a primeira imagem a visitar diversos países, não deveria sair mais de Portugal, a não ser que houvesse uma circunstância extraordinária. Assim, essa imagem foi também entronizada no Santuário, mais precisamente na Basílica de Nossa Senhora do Rosário de Fátima, e encontra-se junto ao altar-mor.

Como os pedidos de visitação da Nossa Senhora Peregrina só aumentaram desde então, o Santuário português mandou esculpir treze imagens idênticas à primeira e assim o mundo todo teve seu pedido atendido. A Virgem Peregrina já esteve em todos os continentes e visitou 64 países, alguns deles por diversas vezes. Cada uma das imagens tem documentação própria — uma espécie de passaporte — que registra cada uma das viagens feitas por todo o planeta.

Aquele que observar com atenção as várias imagens peregrinas que são vendidas nas lojas perceberá que algumas delas foram confeccionadas com três pombas brancas aos pés da Virgem. Essa diferenciação guarda uma história curiosa.

Em 1946, Portugal celebrava o tricentenário da decisão do rei Dom João IV de não usar a coroa, afirmando que a única majestade em seu reino era Nossa Senhora da Imaculada Conceição, a Rainha Padroeira de Portugal. Os devotos solicitaram então ao Santuário que, devido à importância da data, fosse realizada uma peregrinação da imagem de Nossa Senhora de Fátima por todo Portugal. Após semanas de viagem, a comitiva chegou a Lisboa justamente na data em que se festeja a Imaculada Conceição, dia 8 de dezembro. Essa jornada triunfal, que se estendeu de 22 de novembro a 24 de dezembro e atraiu multidões, foi marcada por um evento insólito.

No percurso, ao passar pela pacata vila de Bombarral, uma aldeã chamada Maria Emília Coimbra e sua filha, Teresinha

Campos, soltaram cinco pombas brancas para homenagear a Mãe de Deus. Três delas pousaram aos pés da imagem e lá permaneceram, mesmo enquanto os outros fiéis lançavam flores, estouravam fogos ou realizavam qualquer outro ato que pudesse afugentá-las.

A partir de então, muitas pombinhas foram soltas em muitas outras peregrinações e solenidades e muitas delas se refugiavam aos pés da Virgem Peregrina, ali permanecendo dia e noite, sem procurar por alimento, sem bicar a imagem ou as flores que a ornamentavam, sem ser afugentadas pela multidão, se virando na direção dos fiéis que rezavam diante de Nossa Senhora, para o Santíssimo ou para o crucifixo, quando estes eram colocados sobre o altar, sem abandonar seu posto nem mesmo quando a imagem era transportada. A delicadeza e a reverência dessas aves antecediam até mesmo a chegada da Virgem — antes que a imagem fosse colocada no pedestal, as pombinhas já se postavam ao redor, como se aguardassem a chegada de Nossa Senhora.

A Mensagem de Fátima

Capítulo 31

O rosário

Em todas as seis aparições, Nossa Senhora pediu que o terço fosse rezado diariamente para que a guerra chegasse ao fim e a paz reinasse no mundo. Outro ponto importante foram os sacrifícios para a conversão dos pecadores. Nossa Senhora também pediu a devoção e a consagração do mundo, e a da Rússia em especial, ao Seu Imaculado Coração em reparação pelas ofensas cometidas pelos homens.

Com exceção da consagração do mundo, que só poderia ser realizada pelo papa, os outros três pontos foram deixados para que todos os colocassem em prática: o terço, os sacrifícios e a devoção.

O rosário é uma prática religiosa de devoção a Nossa Senhora muito difundida entre os católicos. Consiste em recitar um pai-nosso, dez ave-marias e um Glória ao Pai em cada um dos vinte mistérios. Cada um desses mistérios, também chamados de dezenas, contempla uma passagem da vida de Jesus Cristo e de sua mãe, Maria, e é uma oração de grande importância dentro da doutrina católica. Os mistérios vão desde a concepção de Jesus, quando o Arcanjo Gabriel anuncia que Maria seria a mãe do Salvador, passando por sua vida, morte e ressurreição, até a coroação de Maria como Rainha do Céu e da Terra.

A diferença entre o rosário e o terço ainda é um pouco confusa para algumas pessoas, até mesmo entre os católicos. Tradicionalmente, em sua versão original, o rosário era rezado em três partes iguais, o que correspondia a uma terça parte, daí o nome "terço", e cada uma dessas partes continha cinco mistérios diferentes, que deveriam ser relembrados por meio da oração ao longo dos dias da semana.

Ao rezar o rosário todos os dias, o papa João Paulo II verificou que nessa oração não havia referência à vida pública de Jesus, passando da Sua infância direto para a Sua paixão, morte e ressurreição. Por isso, em 2002 ele introduziu ao rosário cinco novos mistérios, chamados de Mistérios Luminosos. Esses novos mistérios vão do batismo de Jesus, passando pelo milagre realizado nas Bodas de Caná e chegando até a última ceia, que deu origem à Eucaristia e ao sacerdócio católico.

Assim, seguindo as premissas de João Paulo II, a partir de 2012 os devotos de Nossa Senhora passaram a rezar o rosário da seguinte forma:

• Mistérios Gozosos: cinco dezenas referentes à concepção até a infância de Jesus, rezadas às segundas-feiras e aos sábados;

• Mistérios Luminosos: cinco dezenas referentes à vida pública de Jesus, rezadas às quintas-feiras;

• Mistérios Dolorosos: cinco dezenas referentes à paixão de Cristo, rezadas às terças e sextas-feiras;

• Mistérios Gloriosos: cinco dezenas referentes à ressurreição de Jesus, rezadas às quartas-feiras e aos domingos.

Dessa forma, a nova versão do rosário passou a ter quatro partes, fazendo com que a denominação "terço" perdesse seu significado, já que não era mais a terça parte da oração completa. Contudo, após tantos anos sendo chamada dessa forma, a denominação continua a ser utilizada. Vale ressaltar que a maioria dos católicos ao redor do mundo se refere à oração como rosário, mas que a expressão "terço" é mais utilizada no Brasil.

O rosário foi sendo constituído ao longo do tempo, já que no início da Igreja a oração pública oficial era a recitação dos 150 Salmos feita pelos monges, conhecida como Saltério. Entretanto, como a maior parte dos fiéis que assistia à recitação não sabia ler, e decorá-los era praticamente impossível, surgiu a ideia de rezar, em seu lugar, 150 pai-nossos. Simultaneamente, as expressões bíblicas da saudação angélica "Ave, cheia de graça, o Senhor é contigo"[1] e da exclamação de Santa Isabel "Bendita és tu entre as mulheres e bendito é o fruto do teu ventre"[2] foram sendo incluídas, da mesma forma como hoje rezamos a Ave-Maria, formando assim o que é chamado pelos teólogos de Saltério Angélico.

Em 1214, havia na cidade de Toulouse, na França, um frade espanhol chamado Domingos de Gusmão, que estava tão preocupado com a gravidade dos pecados cometidos por seu povo que resolveu retirar-se numa floresta para fazer orações e penitências por três dias e três noites sem parar. Durante esse período, ofereceu a Deus todos os sacrifícios que podia em prol daqueles homens e mulheres, a fim de conseguir o perdão pelos seus pecados.

Foi então que Nossa Senhora apareceu a Domingos, junto com três anjos, e apresentou-lhe, como uma poderosa arma contra os pecados, algo semelhante a um cordão com cinquenta contas, que marcavam as Ave-Marias. Esse objeto passou a ser conhecido como o Saltério da Bem-Aventurada Virgem Maria. Desde então, sua devoção se propagou rapidamente em todo o mundo, acompanhada de episódios impressionantes e uma série de milagres reconhecidos pela Igreja.

Por volta de 1365, um monge cartuxo chamado Henrique de Halkar separou esses 150 Saltérios da Virgem Maria em dezenas, intercalando-as com um Pai-Nosso. Entretanto, a oração do rosário, como a conhecemos hoje, teve origem em 1470, quando Alan de Rupe, um frade dominicano, passou a recitar o rosário com um pensamento em Jesus a cada Ave-Maria.

Um dos milagres mais emblemáticos creditados à oração diária do terço aconteceu no Japão, no final da Segunda Guerra Mundial, em 6 de agosto de 1945, exatamente no dia em que se comemora a Transfiguração do Senhor — quando, segundo o Novo Testamento, a Trindade Divina de Jesus se manifestou para os apóstolos Pedro, Tiago e João.

Pela primeira vez na história uma bomba atômica seria utilizada como arma de guerra. Para obrigar os japoneses a se renderem, os Estados Unidos escolheram como primeiro alvo a cidade de Hiroshima e, três dias depois, bombardearam a cidade de Nagasaki.

O relógio marcava 8h15 quando a bomba Little Boy atingiu seu primeiro alvo. No raio de 1 km do ponto onde a ogiva atingiu o solo, aproximadamente 140 mil pessoas morreram de imediato. A radiação também deixou inúmeras sequelas nos sobreviventes. Muitos deles sofreram de doenças como câncer e leucemia, que mostraram seus primeiros sintomas vários meses — e até mesmo anos — após os ataques. Alguns também tiveram danos em seus sistemas reprodutores, gerando descendentes com sérias deficiências, mais uma geração de vítimas inocentes de uma guerra que parecia jamais terminar.

Havia em Hiroshima uma igreja dedicada a Nossa Senhora da Assunção, localizada bem no centro da cidade, nas proximidades de onde a bomba caiu. Lá viviam quatro sacerdotes jesuítas alemães: Hugo Lassalle, Hubert Schiffer, Wilhelm Kleinsorge e Hubert Cieslik.

Os quatro padres estavam na casa paroquial no momento da explosão. Um dos jesuítas celebrava a missa, outro tomava o café da manhã e os dois restantes estavam nos arredores da paróquia. Aquela parecia ser mais uma manhã como as outras.

Com a pressão do impacto, os quatro foram lançados longe e, quando entenderam o que havia ocorrido, perceberam que sofreram apenas ferimentos leves. Passaram então a esperar o pior: os efeitos da radiação, que certamente estavam por vir, conforme advertiram os médicos que os atenderam alguns dias após a explosão, e que seguramente lhes causariam lesões graves, assim como doenças terminais, de forma que estavam preparados para enfrentar uma morte prematura.

Mas o inimaginável aconteceu. Os quatro jesuítas milagrosamente não só sobreviveram à catástrofe, como não sofreram absolutamente nenhum efeito da radiação. Esse impressionante fato foi documentado por historiadores e médicos e ficou conhecido como o Milagre de Hiroshima.

Ao longo dos anos que se seguiram, os quatro sacerdotes foram examinados por dezenas de médicos e estudiosos cerca de duzentas vezes e nunca foi encontrado nenhum vestígio ou sequela causado pela radiação a que foram submetidos. O padre Hubert Cieslik sempre enfatizava que eles nem mesmo tiveram perda auditiva, um efeito muito comum devido ao estrondo da explosão.

Quando indagados ao que atribuíam esse milagre, todos os quatro jesuítas creditaram a sua salvação à proteção divina, especialmente a Nossa Senhora, dizendo: "Nós acreditamos que sobrevivemos porque estávamos vivendo a Mensagem de Fátima. Nós vivíamos e rezávamos o rosário diariamente naquela casa"[3].

Apesar de a igreja ter sido uma das poucas edificações a permanecer de pé após a explosão, no seu lugar foi construída, em 1954, uma catedral chamada de Memorial da Paz Mundial, uma das maiores igrejas católicas romanas da Ásia, tendo como seu principal entusiasta o padre Hugo Lassalle, agradecido por ter se tornado um milagre vivo.

222 *Berthaldo Soares e Kenya Camerotte Soares*

Capítulo 32

A devoção ao Imaculado Coração de Maria

"O Meu Coração Imaculado será o teu refúgio e o caminho que te conduzirá até Deus!"[4] Seguindo essas palavras ditas por Nossa Senhora na segunda aparição, os católicos acreditam que a devoção ao Imaculado Coração de Maria é um desejo pessoal do próprio Deus, que através dessa oração de reparação deseja salvar toda a humanidade. Entretanto, o que significa exatamente isso? Qual seria a origem dessa devoção?

Mesmo após deixar Fátima para se tornar freira, Lúcia afirmou que jamais deixou de ter visões de Nossa Senhora. Em uma das visitas sobre as quais escreveu a respeito, a vidente menciona o pedido da devoção ao Imaculado Coração de Maria e como sua mensagem se tornou emblemática para todos os devotos.

Essa aparição aconteceu em 1926, enquanto Lúcia estava na Congregação de Santa Doroteia. Segundo Lúcia, Nossa Senhora apareceu acompanhada por um menino suspenso em uma nuvem, colocou uma das mãos em seu ombro e lhe mostrou que, na outra, trazia um coração cravado com espinhos. Enquanto isso, o menino lhe disse: "Tem pena do Coração de tua Santíssima Mãe, que está coberto de espinhos que os homens ingratos a todos os momentos Lhe cravam, sem haver quem faça um ato de reparação para os tirar"[5].

Em seguida, Nossa Senhora tomou a palavra: "Olha, minha filha, o Meu Coração cercado de espinhos que os homens ingratos a todos os momentos Me cravam, com blasfêmias e ingratidões. Tu, ao menos, vê de Me consolar e diz que todos aqueles que, durante cinco meses, ao primeiro sábado, se confessarem, recebendo a Sagrada Comunhão, rezarem o terço e Me fizerem quinze minutos de companhia, meditando nos mistérios do rosário, com o fim de me desagravar, Eu prometo assistir-lhes, na hora da morte, com todas as graças necessárias para a salvação de suas almas"[6].

Numa outra aparição no ano seguinte, Lúcia, preocupada com os que por algum motivo não conseguissem realizar a confissão no mesmo dia, perguntou a Jesus se esse prazo poderia ser estendido para oito dias e ouviu a seguinte resposta: "Sim, pode ser de muito mais ainda, contanto que, quando Me receberem, estejam em estado de graça e que tenham a intenção de desagravar o Imaculado Coração de Maria". E continuou dizendo a Lúcia que por ventura os que se esquecerem "podem formular na outra confissão seguinte, aproveitando a primeira ocasião que tiverem para se confessar"[7].

Ainda há, porém, uma pergunta que precisa de resposta: por que cinco sábados? Por que não nove, como nas novenas? Ou, como acontece em algumas festas religiosas, a chamada trezena, que leva o fiel a treze dias de oração?

Em uma nova aparição de Jesus à irmã Lúcia, ocorrida na noite do dia 29 para o dia 30 de maio de 1930, durante as suas orações diárias, isso foi explicado. Segundo as palavras de Lúcia, nessa ocasião, Jesus lhe disse:

Minha filha, o motivo é simples: são cinco as espécies de ofensas e blasfêmias contra o Imaculado Coração de Maria:

1 – As Blasfêmias contra a Imaculada Conceição.

2 – Contra a Sua virgindade.

3 – Contra a Maternidade Divina, recusando, ao mesmo tempo, recebê-La como Mãe dos homens.

4 – Os que procuram publicamente infundir, nos corações das crianças, a indiferença, o desprezo e até o ódio para com esta Imaculada Mãe.

5 – Os que A ultrajam diretamente nas suas sagradas imagens. Eis, Minha filha, o motivo pelo qual o Imaculado Coração de Maria Me levou a pedir esta pequena reparação; e, em atenção a ela, mover a Minha misericórdia ao perdão para com essas almas que tiveram a desgraça de A ofender.[8]

Essa lista de afrontas tem como fundamento o pedido de perdão pelas ofensas cometidas contra Nossa Senhora. O primeiro ponto sinalizado é em relação à mãe de Jesus, que, segundo o Novo Testamento, foi criada por Deus preservada da mancha do Pecado Original.

Isso nos leva ao segundo ponto: a virgindade de Maria. Segundo as palavra do Arcanjo Gabriel: "Ao homem não é possível, mas a Deus nenhuma coisa é impossível"[9]. Assim os cristãos acreditam que, apesar de ser a mãe do Filho de Deus, Maria conservou-se virgem.

O terceiro ponto está relacionado à necessidade de considerar Maria como a mãe de toda a humanidade. De acordo com a Bíblia, no alto da cruz Jesus entregou Maria ao apóstolo João, dizendo: "Filho, eis aí tua Mãe. Mulher, eis aí teu filho"[10].

O quarto item diz respeito à indiferença, ao desprezo e até ao ódio contra a Mãe de Jesus infundidos por alguns adultos nos corações das crianças.

FÁTIMA 225

O último tópico refere-se a algo que tornou-se comum nos dias de hoje: o vilipêndio das imagens de Nossa Senhora. Há uma confusão por parte de muitas pessoas, inclusive cristãs, entre a veneração a Maria e a adoração, que segundo as Escrituras deve ser prestada somente a Deus. Eles se equivocam também no que tange às imagens, referências que simbolizam a mãe de Deus, que servem para remeter os pensamentos dos devotos a Nossa Senhora e não são elas uma divindade em si. Como um símbolo importante para os católicos, essas imagens devem ser tratadas com respeito por serem um canal para o sagrado.

A devoção ao Imaculado Coração de Maria remonta ao início da Igreja, com sua origem ligada diretamente às Sagradas Escrituras, especificamente nas passagens que se referem ao coração de Maria, como: "Maria conservava todas estas palavras, meditando-as no seu coração"[11].

Com o passar do tempo, essa devoção começou a ser cada vez mais apreciada, tornando-se ainda mais popular durante a Idade Média devido aos estudos realizados por teólogos e místicos. Ao longo da história, outros grandes devotos do Imaculado Coração de Maria tiveram um papel definitivo em sua difusão, como Santa Gertrudes, Santa Brígida, São Bernardo, São Bernardino de Sena e o maior apóstolo dessa devoção, São João Eudes, que, em 1648, enquanto ainda era padre, conseguiu a aprovação de seus superiores para a celebração da festa em homenagem ao Imaculado Coração.

Em 1805, o papa Pio VII concedeu a autorização para a celebração da festa a todas as congregações religiosas e dioceses que lhe encaminhavam pedidos. No ano de 1855, Pio IX aprovou a missa e o ofício dedicados ao Imaculado Coração de Maria. E durante a Segunda Guerra Mundial, em 8 de dezembro de 1942, Pio XII consagrou a Igreja e todo o gênero humano ao Coração Imaculado de Maria, estendendo após três anos essa festa para toda a comunidade católica ao redor do mundo. A data da comemoração ficou instituída como o segundo sábado após o Corpus Christi, um dia depois da solenidade dedicada ao Sagrado Coração de Jesus.

Foi a partir das aparições de Nossa Senhora na Cova da Iria que a devoção ao Imaculado Coração de Maria ganhou ainda mais força, especialmente na devoção particular dos fiéis, só que agora com o sentido de reparar as ofensas cometidas contra Nossa Senhora.

Capítulo 33

Sacrifício e reparação

Os sacrifícios e a reparação são dois pontos-chave da devoção à Fátima. Essas duas palavras foram abordadas muitas vezes em todos os fatos que envolvem as aparições. Elas também foram profundamente compreendidas pelos Pastorinhos, que mesmo tão jovens as colocaram em prática, chegando até mesmo a alguns atos considerados, por muitos, como extremos.

Nos dias de hoje, falar de sacrifício causa, no mínimo, uma certa estranheza e desconforto. Vivemos em uma sociedade que não apenas almeja o conforto e a comodidade como também os buscam a todo o custo. Por outro lado, porém, é inegável que, mesmo com toda essa aversão, a própria vida acaba nos proporcionando alguns momentos que podem ser encarados como verdadeiros calvários.

O sofrimento causa as reações mais diversas, como negação, revolta e depressão, fazendo com que aquele que sofre chegue a atos que beiram a insanidade, muitas vezes explicados pelo fato de ser extremamente difícil encontrar um sentido perante a dor.

Mas aceitar o sacrifício, que é algo inevitável, já que todos os experimentam em algum momento de suas vidas, acaba por gerar um crescimento espiritual e, dessa forma, um desprendimento do mundo material, tornando-nos mais lúcidos e nos renovando interiormente.

Foi exatamente isso que o Anjo fez com os Pastorinhos quando lhes disse: "Sobretudo, aceitai e suportai com submissão o sofrimento que o Senhor vos enviar"[12]. O Anjo queria ensinar as crianças a assumir a atitude correta frente ao sofrimento, sem recusa ou revolta.

Na primeira Aparição, Nossa Senhora indica qual seria a segunda atitude que os três deveriam tomar ao perguntar: "Quereis oferecer-vos a Deus para suportar todos os sofrimentos que Ele quiser enviar-vos, em ato de *reparação* pelos pecados com que Ele é ofendido e de súplica pela conversão dos pecadores?"[13]. Nossa Senhora aponta o oferecimento como chave, que para dar frutos deve ser concretizado numa intenção tanto pela reparação dos pecadores quanto pelas tristes consequências que seus atos causam em Seu Imaculado Coração.

De acordo com a mensagem propagada nas aparições, o sofrimento ganha um novo significado ao passar para uma dimensão transformadora, aproximando os homens de Deus, e por isso pode ser definido como uma doação de algo valioso, em troca de algo ainda mais importante.

Reparação significa o ato de restaurar, restabelecer, reparar. A reparação é pedida nas aparições devido ao fato de os corações de Jesus e de Maria já estarem por demais ofendidos pelos pecados da humanidade. Nossa Senhora faz um convite para que os homens repensem essas chagas, levando o amor aonde existe apenas ódio e rancor. Num mundo marcado pelo egoísmo e pelo egocentrismo, pedir às pessoas que se sacrifiquem em reparação aos pecados cometidos por outros é uma escola de crescimento espiritual e fonte de libertação interior.

A mensagem de Fátima é realmente desafiadora ao propor tirar cada um de nós do conforto diário e nos induzir a gestos tão nobres pelo próximo. E a chave para isso é o amor, já que ninguém se sacrifica pelo outro se não houver amor investido. Ou seja, colocar a mensagem de Fátima em prática é uma fonte de amor para todas as pessoas.

Os primeiros em tudo

Capítulo 34

A Virgem de Fátima no Brasil

Mesmo depois do fim da Era Colonial, Brasil e Portugal continuaram intimamente ligados não apenas nas esferas cultural e política, mas também na religiosa. Tanto que não foi coincidência o fato de ser justamente aqui, no Brasil, onde a primeira imagem de Nossa Senhora de Fátima foi exposta ao culto fora das terras lusitanas.

Manuel Fernando e António Eduardo da Silva Cravo, dois portugueses que imigraram para terras brasileiras, foram os responsáveis pela expansão da devoção. Durante uma visita à sua terra natal, os dois devotos adquiriram uma imagem de Nossa Senhora de Fátima e pediram ao bispo de Leiria, Dom José Alves Correia da Silva, que a abençoasse. Em seguida, eles a levaram até a Cova da Iria para que tocasse nas paredes da Capela das Aparições. E, finalmente, a dupla trouxe a imagem para o Brasil. No dia 10 de junho de 1929, Nossa Senhora de Fátima foi solenemente entronizada na Igreja de Santo Cristo dos Milagres, localizada no bairro de Santo Cristo, no Rio de Janeiro.

Foi um dia de grande festa, noticiado pelo jornal lisboeta *A voz*, que em seu artigo descreveu a pomposa procissão acompanhada por mais de 10 mil fiéis. A imprensa local também deu destaque à importante festa realizada quando o Rio de Janeiro ainda era a capital do Brasil. Pessoas vieram de vários bairros para acompanhar a chegada da imagem que, em cima de um andor todo ornamentado com flores, foi recepcionada no adro da Igreja com um notável discurso do padre Macedo, da igreja de Nossa Senhora de Copacabana, que, assim como vários outros sacerdotes, foi até o bairro de Santo Cristo especialmente para a festa. E até os dias de hoje a imagem de Nossa Senhora de Fátima continua no mesmo lugar, a primeira no mundo a ser exposta em uma igreja fora de Portugal.

Capítulo 35

Uma igreja dedicada a Nossa Senhora de Fátima

Todavia, não foi apenas a primeira imagem de devoção pública no mundo que o Brasil teve a honra de receber. Aqui também foi construída a primeira igreja dedicada a Nossa Senhora de Fátima, antes mesmo que em Portugal.

No mesmo ano das aparições, em 1917, a missão portuguesa da Companhia de Jesus no Nordeste inaugurou em Recife, Pernambuco, o Colégio Nóbrega. Localizado no bairro da Boa Vista, seu nome foi escolhido em homenagem a Manuel da Nóbrega, sacerdote português que realizou importantes ações evangelizadoras na América, e, desde sua inauguração, a escola foi dedicada a Nossa Senhora de Fátima. Assim, os pernambucanos foram os primeiros no mundo a cultuar a Virgem de Fátima, já que o culto público de fiéis só foi autorizado oficialmente pela Igreja em 1930.

No ano de 1933, a Companhia de Jesus lançou no mesmo terreno, ao lado do colégio, a pedra fundamental para a construção da igreja dedicada a Nossa Senhora de Fátima. Projetada pelo arquiteto francês Georges Mounier, em estilo semigótico, e graças à ajuda da colônia portuguesa local, foi inaugurada em 8 de dezembro de 1935, dia da festa dedicada à Imaculada Conceição. Essa igreja foi a primeira no mundo dedicada à Virgem de Fátima, o que só aconteceu em Portugal em 1953, após o reconhecimento oficial por parte da Igreja sobre as aparições.

No altar, há uma imagem de Nossa Senhora de Fátima, com os Pastorinhos ajoelhados, confeccionada na época em Recife. Se observarmos os pés da imagem, ela está de sandálias, as mesmas que a imagem do Santuário português possuía antes de ser modificada em 1951.

Lá encontram-se também os restos mortais do padre jesuíta José Aparício, confessor da irmã Lúcia, que, mesmo após sua mudança para Recife, continuou a orientar a vidente por cartas.

Em 1989, o então arcebispo Dom Helder Câmara presidiu a primeira missa da Juventude Estudantil nessa igreja e afirmou que ali era a "Catedral da Juventude de Recife". Em 2010, o templo foi tombado pela Fundação do Patrimônio Histórico e Artístico do Estado de Pernambuco (Fundarpe) e elevado a Santuário Arquidiocesano de Nossa Senhora de Fátima em 13 de maio de 2012.

Capítulo 36

Fátima também é aqui!

Façam aqui uma capela em minha honra.

Nossa Senhora de Fátima na aparição de 13 de outubro de 1917

Seguindo o apelo do triunfo do Seu Imaculado Coração, 82 anos depois de dois leigos trazerem de Portugal para o Rio de Janeiro a primeira imagem de Nossa Senhora de Fátima para ser venerada no mundo fora de Portugal, surgiram outros dois leigos na história de Fátima que reforçaram os laços que unem os países irmãos.

Era 13 de maio de 2011. O Santuário de Fátima estava com sua esplanada lotada para a comemoração anual das aparições. Um silêncio respeitoso pairava entre a multidão, só quebrado quando o lindo andor com Nossa Senhora, todo ornamentado com rosas brancas, passou pelo meio do povo e foi posicionado no altar-mor, para que todos pudessem vê-la durante a celebração da missa, enquanto milhares de peregrinos rezavam com fervor e devoção no mesmo local onde Nossa Senhora apareceu 94 anos antes. Muitos fiéis tinham lágrimas nos olhos e imperava uma sensação de privilégio por poderem estar ali, num local marcado pela fé e devoção, que tanto mexe com os que lá pisam.

Mas, antes do fim da celebração, algo inusitado aconteceu quando o bispo de Leiria, Dom António Marto, foi ao microfone e convidou os dois leigos para estarem junto dele, no altar-mor. Diante de todo aquele mar de peregrinos e de todos que lhes assistiam pela TV ao redor do mundo, eles receberam das mãos do bispo, após abençoá-la, uma linda imagem de Nossa Senhora de Fátima, esculpida pela mesma Casa Fânzeres que confeccionou a que se encontra na própria Capelinha das Aparições. Naquele 13 de maio, aqueles dois leigos ganharam mais do que uma belíssima escultura. Aquele dia, na verdade, marcou o início de uma grande missão.

O desafio para eles dessa vez era mais do que peregrinar com a imagem, era fazer com que os fiéis que estavam do outro lado do oceano se sentissem em casa e assim pudessem mergulhar na Mensagem de Fátima. Fiéis esses que muitos anos atrás haviam deixado sua terra natal rumo ao desconhecido além-mar e que antes de partir haviam ido até a Cova da Iria pedir a benção e a proteção da Virgem para a nova jornada.

Especificamente, o desafio foi o de construir uma réplica idêntica da Capelinha das Aparições, exatamente como a de Fátima, uma segunda construção de uma mesma obra. E foi o que fizeram. Assim como a Capelinha portuguesa, a Capelinha do Brasil também foi erguida por leigos e pela grande colaboração de fiéis, capitaneados por esse casal de devotos que — sem dinheiro, porém tomados por um enorme amor que os fazia prosseguir — seguiram o impulso de seus corações, na mais profunda gratidão à Nossa Senhora.

Após cinco anos de muita luta, estavam os dois ali, no Santuário português, recebendo das mãos do bispo a tão aguardada imagem para a festa de inauguração da Capelinha brasileira.

Poucos dias depois, em 28 de maio de 2011, toda a comitiva do Santuário português se reuniu e veio ao Brasil para a inauguração dessa única réplica da Capelinha. O altar foi sagrado pelo Cardeal Arcebispo do Rio de Janeiro, D. Orani João Tempesta, e teve a participação de diversos outros membros do clero. Estavam também presentes o bispo de Leiria, Dom António Marto; o reitor do Santuário de Fátima, Dom Virgílio Antunes; o escultor da imagem da Casa Fânzeres, José Neves; o ourives responsável pela execução das coroas portuguesa e brasileira, Jorge Leitão; a postuladora da causa de canonização dos Pastorinhos, a irmã Ângela Coelho; o administrador-geral do Santuário, o sobrinho-neto da irmã Lúcia, Antonio José Valinhos; e o arquiteto autor do alpendre de Fátima, o professor José Loureiro. Após entronizar Nossa Senhora no seu pedestal, o bispo de Leiria afirmou para a multidão reunida no Rio de Janeiro: "Fátima também é aqui!".

Por ocasião da inauguração da réplica da Capelinha, a postuladora da causa dos Pastorinhos doou uma relíquia para os brasileiros: dois pequenos fragmentos retirados dos caixões de Francisco e Jacinta e um pedacinho da azinheira onde Nossa Senhora apareceu. Neles, havia, respectivamente, as seguintes inscrições em latim: *Francisci*, *Hyacinthae* e *Arboris* ("Francisco", "Jacinta" e "árvore"). Entretanto, como seria possível haver ainda um pedaço da azinheira, já que a multidão que ia à Cova da Iria havia arrancado todas as suas folhas e galhos logo depois das aparições?

Muitos se esquecem, entretanto, que na aparição de agosto de 1917, que se deu no dia 19, tendo em vista que no dia 13 as três crianças estavam presas, Nossa Senhora apareceu novamente em cima de uma carrasqueira, só que dessa vez mais perto da casa dos Três Pastorinhos, na região conhecida como Valinhos, conforme o capítulo "Treze de agosto". Ao fim da aparição, após Nossa Senhora elevar-se em direção ao nascente, os videntes arrancaram com suas próprias mãos os ramos da carrasqueira onde Nossa Senhora tinha pousado os pés.

Ao retornarem, Jacinta, toda feliz, levando em suas mãos os ramos, ao passar perto da casa de Lúcia, gritou, cheia de alegria, para sua tia Maria Rosa, logo ela, que não acreditava em nada relacionado às aparições:

"Tia, vimos outra vez Nossa Senhora nos Valinhos!"

A tia, um tanto azeda, retrucou:

"Estais sempre a ver Nossa Senhora. Sois mais é uns grandes mentirosos."

Apesar do comentário atravessado da tia, Jacinta manteve o entusiasmo e estendeu os ramos que trazia nas mãos:

"Mas é que vimos. Olhe, tinha um pé aqui e outro aqui."

A tia quis ver de perto e ficou surpreendida com o maravilhoso perfume que exalavam dos galhos. Ainda assim, continuava incrédula e disse que seria bom se essa Senhora passasse a aparecer nos Valinhos, evitando todo o prejuízo que os peregrinos causavam nas terras cultivadas na Cova da Iria. Ao saber que a Senhora tinha mandado os Pastorinhos continuarem a ir à Cova da Iria, resmungou:

"Valha-me Deus, estamos na mesma! Nem os republicanos foram capazes de acabar com isto!"[1]

E assim Jacinta seguiu até sua casa, feliz com seus raminhos nas mãos. Nessa mesma tarde os ramos sumiram e ninguém mais teve notícias do que foi feito deles. O que aconteceu foi que, ao Jacinta chegar em casa e após mostrar os ramos, o pai de Francisco e Jacinta os escondeu debaixo do seu colchão, conservando-os sempre consigo.

Quando teve início todo o estudo para a canonização de seus filhos, Manuel Marto entregou tal preciosidade a outro postulador da causa dos Pastorinhos, o padre Luís Kondor, e, dessa forma, conseguiu preservar um pequeno pedaço do ramo em que Nossa Senhora colocara seus pés. Cabe ressaltar que existem pouquíssimas relíquias como esse fragmento e uma delas, para a felicidade dos devotos brasileiros, encontra-se em nosso país.

Também por ocasião da inauguração da Capelinha, outra relíquia de suma importância foi doada pelo casal Antonio José de Lacerda e Silva e Dione Camerotte de Lacerda e Silva: um grande pedaço do véu da irmã Lúcia.

Com doze anos, no ano de 1950, Antonio José e sua família estavam de partida para o Brasil, de forma que ele foi com a mãe e a irmã a Coimbra para se despedir de uma tia, a irmã Maria Madalena da Santa Face, que vivia no convento do Carmelo, o mesmo da irmã Lúcia. Todas as religiosas do convento foram chamadas pela madre superiora para a despedida, já que elas os conheciam devido às frequentes visitas.

Estavam numa sala iluminada, onde havia uma grande janela com grades de onde saíam pontas de ferro afiadas apontadas na direção dos visitantes, para evitar qualquer tipo de aproximação com as freiras, que viviam em reclusão. Do outro lado, numa sala escura, estavam as religiosas.

Foi então que a mãe de Antonio José pediu que a irmã Lúcia lhe desse alguma lembrança sua, já que a travessia além-mar era, naquela época, considerada muito perigosa. Para a surpresa de todos eles, a irmã Lúcia pediu que fossem até a roda — o sistema usado para que as coisas entrassem e saíssem do convento — pois lhes daria seu véu e disse que suas orações os acompanhariam. Esse véu, mais tarde, foi dividido em duas partes, e a que coube a Antonio José foi generosamente doada por ele e por sua esposa à Capela das Aparições do Brasil.

Cercada por tantos fatos excepcionais, a réplica da Capela das Aparições é mais do que um marco arquitetônico. Permitiu-se que a imagem de Nossa Senhora de Fátima fosse transportada para o Brasil pela urgência e necessidade de fazê-la conhecida, não apenas devido ao fato de ter aparecido a três crianças pobres em Portugal, pois esse acontecimento já havia sido mais do que disseminado por todos os continentes, mas para torná-la conhecida por sua mensagem. Fátima é, antes de mais nada, uma fonte de alento e um refúgio para a humanidade, tanto em Portugal quanto no Brasil ou em qualquer outro canto do mundo.

Como a Capelinha de Fátima, a do Rio de Janeiro fica aberta 24 horas por dia e pode ser visitada em qualquer dia da semana. Localizada no bairro do Recreio dos Bandeirantes, possui missas diárias, assim como adoração ao Santíssimo e confissões. Lá também funciona um centro de estudos da Mensagem de Fátima aberto ao público. A Capelinha carioca não apenas possui uma arquitetura idêntica à de Portugal, mas também é um importante ponto de divulgação de todos os elementos ligados a Nossa Senhora de Fátima.

EPÍLOGO

A MENSAGEM TAMBÉM É PARA VOCÊ

MANHÃ DO DIA 13 DE MAIO DE 2011. Kenya e eu andávamos apressados pelas ruas de Fátima em direção à Capela das Aparições. Nossos amigos que vieram do Brasil para participar da cerimônia de entrega da imagem estavam eufóricos. Tudo estava pronto. Chegamos pelo lado direito da esplanada de Fátima e logo a seguir cruzamos o pátio até chegarmos à Capelinha. Havia centenas de sacerdotes já posicionados para o início da celebração, mas faltava algo. A coroa da imagem de Nossa Senhora de Fátima precisava ser trocada pela que continha as pedras preciosas, já que aquele era um dia de festa.

Fomos recebidos por dois servitas que nos conduziram até uma porta cuja passagem é permitida apenas a pessoas autorizadas, que leva para o interior da Capelinha. Foi uma grande emoção para nós estar ali para auxiliar na troca da coroa da imagem de Nossa Senhora de Fátima.

Voltando um pouco no tempo, em 1980, quando eu ainda era um menino, fiquei muito doente. Não saía de casa e até mesmo levantar da cama era difícil. Ao longo de dois anos, meus pais me levaram aos mais variados especialistas, mas todos eram unânimes em afirmar que eu não tinha nada, ou melhor, que não encontravam nada que pudesse justificar as convulsões e o péssimo estado físico em que me encontrava. Sem saber mais o que fazer, meus pais passaram a rezar o terço, pedindo a Nossa Senhora que me curasse.

Foi então que, na recepção de um consultório médico, conheci uma freira. Essa irmã alguns dias depois me telefonou dizendo que, desde o nosso encontro, havia tido vários sonhos comigo e que eu deveria ir até a Igreja de Nossa Senhora de Copacabana e procurar pelo frei Inocêncio, um sacerdote.

No dia seguinte, ansioso pela minha melhora, fui cedo à igreja indicada pela religiosa e lá, após uma longa conversa, o frei me confessou e rezou por mim. Em seguida, pediu que eu não fosse embora, mas que o auxiliasse na hora da missa. Mesmo fraco e sem saber exatamente o que faria, concordei. Afinal, eu era católico, embora quase não frequentasse a igreja e, quando ia, não prestasse muita atenção no que estava acontecendo. Durante a missa, o frei fez algo inusitado: pediu que eu me ajoelhasse e, deixando todos os fiéis esperando, impôs suas mãos sobre mim e rezou outra vez. Ao fim, mandou que me levantasse para continuar ajudando na celebração.

Voltei para casa me sentindo melhor e refleti sobre tudo o que acontecera. Naquele momento me convenci de que a inusitada iniciativa do frei Inocêncio, que não me conhecia, de realizar uma oração individual no meio da missa, só poderia ser fruto de algum impulso sobrenatural. Assim, voltei à Igreja de Nossa Senhora de Copacabana nos dias que se seguiram, na certeza de que a melhora só estava começando. As missas diárias faziam com que eu me sentisse cada vez melhor, e, dessa forma, durante dez anos, auxiliei o frei nas suas atividades na igreja.

Anos depois, percebendo a mudança realizada na minha vida através da oração do terço feita pelos meus pais, decidi organizar uma tarde festiva em agradecimento à Virgem Santíssima pela minha cura. Convoquei alguns amigos e me dediquei ao máximo para que meu agradecimento a Nossa Senhora fosse um momento especial.

Comecei a planejar o evento e decidi que o realizaria na praça em frente à Igreja de Nossa Senhora de Copacabana, para atrair também as pessoas que passavam pela rua. Era o ano de 1987 e esse evento se chamou Tarde com Maria.

Para um jovem de dezoito anos, preparar tudo isso e ter a responsabilidade de arcar com os custos não foi nada fácil. Mas segui em frente, com a ajuda do pároco da igreja e do frei, que me emprestou uma linda imagem do Imaculado Coração de Maria, fazendo que essa tarde de missa e oração do terço se tornasse especial.

Pouco tempo depois, ainda nesse mesmo ano, Stefano Gobbi, um padre muito conhecido entre os católicos, fundador do Movimento Sacerdotal Mariano, foi à igreja para dar uma palestra. Ao conduzi-lo até a capela e rezarmos um pouco juntos, senti em meu coração uma voz que dizia: "Quando a Tarde com Maria fizer dez anos, você se encontrará com o papa". Não consegui compreender o que aquilo significava, pois já havia feito a minha homenagem a Nossa Senhora e meu agradecimento estava concluído, sem nunca imaginar que eu poderia algum dia realizar uma segunda edição da Tarde com Maria.

Porém, como diz o ditado, "o homem põe e Deus dispõe". Após receber inúmeros pedidos, no ano seguinte organizei um encontro ainda melhor, e no terceiro ano da Tarde com Maria já estávamos na praia de Copacabana, pois a praça havia ficado pequena para o crescente números de fiéis que surgia a cada evento.

A Tarde com Maria prosseguiu por mais sete anos, quando o então cardeal Dom Eugênio Salles a tornou um evento oficial da Arquidiocese do Rio de Janeiro, pedindo que as próximas edições fossem realizadas na Catedral Metropolitana, localizada no centro da cidade.

Ao completar uma década de evento, surgiu uma ideia que nos deu uma nova dimensão e fez com que alcançássemos toda a cidade: foram organizadas três carreatas, desde Santa Cruz até a Catedral, através das vias litorâneas, da Avenida Brasil e da estrada de ferro. Por todos os lugares pelos quais a carreata passava, víamos demonstrações de fé e de piedade do povo.

Acabado o evento, fui convidado a ir a Roma para encontrar o papa João Paulo II e contar todo o trabalho de evangelização que fazia, e as portas foram se abrindo para esse momento. Era algo inacreditável para mim, principalmente porque via a providência de Deus agindo através de tantos presentes, como passagens e hospedagem oferecidos espontaneamente por amigos que souberam da viagem.

Ansioso pelo encontro, cheguei cedo à Praça de São Pedro, tendo diante de mim a sede da Cristandade iluminada pelo sol que nascia. Fui encaminhado ao apartamento pontifício acompanhado de um padre amigo e, ao entrar na pequena capela privada, vi o papa João Paulo II de joelhos, rezando o seu breviário. Nesse momento, me lembrei do que havia sentido em meu coração dez anos antes. Realmente era verdade o que aquela voz doce e suave havia sussurrado apenas para mim.

Participei da missa e ao término fui encaminhado com mais algumas pessoas que lá estavam para uma sala anexa. Logo a seguir surgiu o papa, com sua veste branca, cumprimentando a cada um. Como queria ter um pouco mais de tempo com ele, posicionei-me de tal forma que fui o último da fila. Durante a espera, quantos pensamentos me vieram à mente, desde tudo o que passei até aquele dia.

Ao chegar minha vez, beijei sua mão e conversamos um pouco sobre a Tarde com Maria e tudo o que fazíamos para a evangelização. Após me ouvir atentamente e de me presentear com alguns terços, o papa olhou dentro dos meus olhos e com um sorriso nos lábios se despediu com uma benção, deixando meu coração cheio de alegria, com uma profunda gratidão a Deus por aquela manhã.

Os anos se seguiram e continuei fiel ao propósito de evangelização, assim como também crescia a Tarde com Maria, que estendeu suas visitas periódicas a hospitais, escolas e instituições tais como presídios, corporações militares e sedes governamentais. Até que, sem nem me dar conta da rapidez com que o tempo passa, havíamos alcançado os vinte anos de evento. Foi aí que surgiu uma nova ideia, a de irmos a Roma e a Fátima em peregrinação para agradecermos a Deus e a Nossa Senhora por todas as bênçãos e milagres testemunhados ao longo dessas duas décadas. Realizamos essa viagem numa comitiva de quase cem pessoas, todos com o mesmo espírito de gratidão e devoção. Passamos por Roma e após lindos e importantes momentos seguimos para Portugal.

Na manhã seguinte à nossa chegada, foi celebrada por Dom João Corso na Capela das Aparições a missa comemorativa dos vinte anos da Tarde com Maria. Todos nós estávamos agradecidos por estarmos ali aos pés da Mãe de Deus e por termos cumprido mais uma etapa. Durante a celebração, colocamos as nossas intenções e os nossos agradecimentos, e, logo após a comunhão, senti em meu coração novamente aquela voz conhecida e amiga, que dessa vez me disse: "Quero que construa essa capela em minha honra no Rio de Janeiro". Aquilo me deixou um tanto pensativo e, conforme achava que aquele pedido só podia ser fruto da minha imaginação ou um desejo inconsciente de minha parte, sentia com uma intensidade cada vez maior que algo me movia nessa direção.

Fiquei tão surpreso com aquela sensação que na mesma hora contei para minha esposa, que estava ao meu lado. Após meditar por um momento, Kenya me disse: "Fique tranquilo. Se for a vontade de Nossa Senhora, irá acontecer. Caso não seja, não dará em nada". Foi então que me lembrei de que, não por coincidência, logo na primeira Tarde com Maria homenageamos Nossa Senhora justamente com a imagem do Imaculado Coração de Maria, que, de acordo com as visões de Fátima, possui um papel central na Mensagem.

Voltamos ao Rio de Janeiro e aquela voz permanecia forte dentro de mim, ao mesmo tempo que muitas indagações me inquietavam. Como a construção da Capelinha seria realizada? Como seria permitido que leigos ficassem responsáveis por algo desta proporção? De onde viriam os recursos? De uma coisa eu tinha certeza em meu coração: a cada vez que concluímos uma etapa de algo, Deus nos mostra mais outras metas que devemos realizar e, assim, na missa de agradecimento em Fátima não poderia ser diferente.

Foi então que, ao voltar para o Brasil e conversar com o cardeal do Rio de Janeiro, Dom Eusébio Scheid, recebi a aprovação para seguir em frente. Mas apesar de o cardeal ter dado seu consentimento, o caminho ainda seria muito longo. Faltava a anuência do bispo de Leiria-Fátima, bem como a do reitor do Santuário, além da autorização do professor José Carlos Loureiro, o arquiteto autor do alpendre que desde 1981 passou a cobrir a Capelinha.

Começamos então uma longa troca de correspondências e, depois de conseguir todas as devidas autorizações, recebi de forma exclusiva para a Tarde com Maria, enviado pelo arquiteto Loureiro, o documento que faltava para que fosse erguida na cidade do Rio de Janeiro a primeira e única réplica da Capela das

Aparições no mundo. Era 2007, e de posse do projeto arquitetônico original veio a fase de execução do projeto.

Logo de início, nos deparamos com um problema: o terreno. Mas, como era a vontade de Nossa Senhora, após um longo caminho, conseguimos a cessão de uma área que pertencia à prefeitura. Assim, o obstáculo seguinte passou a ser de onde tiraríamos os recursos necessários para a obra?

No início, foram muitas tentativas frustradas. De dez pedidos de doações de empresários, recebíamos dez nãos. Eu e minha esposa nos deparávamos apenas com olhares desconfiados e pessoas descrentes. Mesmo assim, confiando na providência divina, seguimos em frente. Dessa vez fui eu quem encorajou Kenya a acreditar que os recursos necessários apareciam, já que era a vontade da Virgem Santíssima.

Um dia, fomos convidados a participar de um evento na casa do então cônsul-geral de Portugal no Rio de Janeiro, Antonio Almeida Lima, que acabara de chegar ao Brasil para essa nova missão. Lá, descobrimos que a consulesa, Vanda Almeida Lima, era filha do João de Souza Araújo, um grande artista plástico português, autor do quadro que fica acima do altar-mor da Basílica de Fátima. Não poderia ser coincidência justamente aquele casal ter sido designado para ocupar um posto no Rio de Janeiro bem quando iniciávamos a construção da Capela.

Através deles conhecemos grande parte da colônia portuguesa no Rio de Janeiro, que contava com nomes como: Cidália Martins, Carlos Janeiro, Manuel Veiga Rocha, a cantora de fados Maria Alcina, os irmãos Joaquim e Manuel Cunha e tantos outros, que passaram a nos ajudar como podiam.

Através do seu sobrinho e empresário Cláudio Pessutti, chegamos até a tão querida apresentadora, atriz e cantora Hebe Camargo. Hebe também foi outra devota que tanto nos ajudou no início, nos emprestando o seu prestígio e divulgando a nossa causa em seu programa e em todos os outros veículos possíveis. Ela tinha um amor verdadeiro por Nossa Senhora de Fátima e, junto com o Cláudio, foi de grande importância no projeto.

Contudo, as dificuldades prosseguiam, o que fazia com que passássemos muitas noites em claro. Nesses momentos, nós rezávamos e pedíamos que Nossa Senhora nos mostrasse o caminho a seguir, lembrando o exemplo dado pelos Pastorinhos e o quanto sofreram. Com as pequenas doações que recebíamos, pagávamos os custos do arquiteto brasileiro, da parte burocrática e do que mais fosse necessário para seguirmos adiante. No entanto, continuávamos sem a verba para tirar a Capela do papel.

Até que um dia, quando já estávamos bastante desanimados, um casal de amigos, Ronaldo e Maria José Goytacaz Cavalheiro, nos apresentou a um empresário que, por ser muito devoto de Nossa Senhora, garantiu que assumiria todos os gastos relacionados à construção da Capela. E, de fato, Renato Abreu e seu sócio, Mário Aurélio Pinto, cumpriram generosamente sua promessa.

Todos os dias eu acompanhava a obra e junto com os operários vi cada parte ser erguida. Continuávamos a angariar o restante dos recursos necessários como podíamos, pois havia ainda outros gastos, como a construção do muro, do pátio e do estacionamento, para citar apenas alguns deles.

Certo dia, acordei bastante assustado após ter um sonho. Nele, a Capela já estava concluída, mas completamente torta, com o pilar da parte de trás à esquerda afundado, fazendo com que todo o resto ficasse inclinado.

Intrigado, logo pela manhã, liguei para o arquiteto que acompanhava a obra, sem contar sobre o sonho, somente perguntando se as medições estavam corretas, já que as bases estavam prontas para os pilares serem erguidos. Ao fim do dia, o arquiteto me retornou dizendo que, ao remedir todas as sapatas, descobrira que justamente o pilar esquerdo da parte de trás estava com uma diferença de quase dois metros dos outros três. Aquilo realmente foi incrível! Nossa Senhora, além de mãe, agora também era arquiteta e estava cuidando da sua obra.

Enquanto a construção ia adiante, mesmo no terreno sem nenhuma infraestrutura, rezávamos o terço, celebrávamos a missa e fazíamos a adoração ao Santíssimo Sacramento. Cada um trazia de casa seu banquinho e, debaixo de uma lona que tentava amenizar o sol, rezávamos por tudo que viria a acontecer.

Nossa Senhora estava mais uma vez cuidando de todos os detalhes e, no jubileu de prata da Tarde com Maria, a primeira fase da obra foi concluída. Justamente nos 25 anos de existência do evento, todo o trabalho de evangelização foi coroado com a inauguração da Capela.

O restante dessa história você já pôde ler no capítulo anterior. Kenya e eu somos o casal de leigos devotos que trouxe para o Rio de Janeiro a única réplica da Capela das Aparições no mundo.

E sabe por que conto tudo isso? Para dizer que todos somos chamados a mergulhar na Mensagem de Fátima, na certeza de que, por fim, o Coração Imaculado de Maria triunfará, conforme as palavras de Nossa Senhora.

Convido você a também vivenciar a Mensagem de Fátima e com Francisco, Jacinta e Lúcia experimentar aqui na Terra o que é um pouco do Céu.

Notas

Introdução: Altar do mundo

1. Maria Lúcia de Jesus e do Coração Imaculado, *Memórias da irmã Lúcia*, p. 137. Fátima: Editora Secretariado dos Pastorinhos, 2010.

2. Ibidem, p. 37.

3. "Muçulmano cumpriu promessa de joelhos em Fátima". *Jornal de notícias*. Porto, 10 de maio de 2017. Disponível em: <www.jn.pt/nacional/interior/muculmano-cumpriu-promessa-de-joelhos-em-fatima-8112474.html>.

Voltando no tempo

1. Romanos 15: 24-28.

2. O Cânone de Muratori é o fragmento do pergaminho mais antigo de que se tem notícia a listar os livros do Novo Testamento. Foi encontrado no século XVIII por Ludovico Muratori e atualmente está sob os cuidados da Biblioteca Ambrosiana, em Milão, sob o número de catálogo J 101 sup., fólios 10a-11a.

3. Karl Marx, *Crítica da Filosofia do Direito de Hegel*, p. 145.

As aparições do Anjo

1. *Um caminho sob o olhar de Maria*, p. 34.

2. Maria Lúcia de Jesus e do Coração Imaculado, *Memórias da irmã Lúcia*, p. 169.

3. Ibidem, p. 170.

4. Ibidem, pp. 170 e 171.

5. Ibidem, p. 171.

As aparições de Nossa Senhora de Fátima

1. Maria Lúcia de Jesus e do Coração Imaculado, *Memórias da irmã Lúcia*, pp. 173 e 174.

2. Ibidem, p. 141.

3. Ibidem, p. 45.

4. Ibidem, p. 45

5. Ibidem, p. 85.

6. Ibidem, p. 141.

7. Ibidem, p. 175.

8. Ibidem, p. 176.

9. Ibidem, p. 177.

10. Lúcia atribuiu essa luz à aurora boreal, um fenômeno extraordinário que ocorreu na noite de 25 de janeiro de 1938 em Portugal e que a vidente considerou como um sinal prometido pelo Céu.

11. Maria Lúcia de Jesus e do Coração Imaculado, op. cit., p. 177.

12. Ibidem, p. 147.

13. Ibidem, p. 146.

14. *Documentação Crítica de Fátima*, p. 294.

15. Maria Lúcia de Jesus e do Coração Imaculado, op. cit., pp. 178 e 179.

16. Ibidem, p. 180.

17. Ibidem, p. 56.

18. Ibidem, p. 57.

19. Ibidem, p. 181.

20. *Documentação Crítica de Fátima*, p. 75.

Os Pastorinhos

1. *Um caminho sob o olhar de Maria*, p. 158.

2. Ibidem, p. 122.

3. Ibidem, p. 168.

4. Ibidem, p. 198.

5. Ibidem, p. 236.

6. Ibidem, p. 267.

7. Ibidem, p. 442.

8. Ibidem, p. 479.

9. Os apoiadores da canonização da irmã Lúcia pedem que todos aqueles que acreditarem ter alcançado uma graça por meio de sua intercessão escrevam, relatando o ocorrido para Carmelo de Santa Teresa 3000-359 Coimbra — Portugal ou para o endereço eletrônico causabeatificacaolucia@lucia.pt.

10. Maria Lúcia de Jesus e do Coração Imaculado, *Memórias da irmã Lúcia*, p. 137.

11. Ibidem, p. 158.

12. Ibidem, p. 162.

13. Jean-François Louvencourt, *Francisco e Jacinta de Fátima, duas estrelas na noite do mundo*, p. 112.

14. Maria Lúcia de Jesus e do Coração Imaculado, op. cit., p. 162.

15. Ibidem, p. 162.

16. Ibidem, p. 164.

17. Ibidem, p. 164.

18. Jean-François Louvencourt, op. cit., p. 114.

19. Ibidem, p. 115.

20. Maria Lúcia de Jesus e do Coração Imaculado, op. cit., p. 45.

21. Ibidem, p. 47.

22. Jean-François Louvencourt, op. cit., p. 101.

23. Ibidem, p. 105.

24. Ibidem, p. 265.

25. Maria Lúcia de Jesus e do Coração Imaculado, op. cit., p. 50.

26. Jean-François Louvencourt, op. cit., p. 27.

27. Maria Lúcia de Jesus e do Coração Imaculado, op. cit., p. 60.

28. Jean-François Louvencourt, op. cit., p. 250.

29. Ibidem, p. 117.

30. Ibidem, p. 250.

31. Ibidem, p. 301.

32. As festas litúrgicas dos santos são frequentemente comemoradas no dia de sua morte por essa data ser considerada pela comunidade eclesial como o dia do nascimento para a vida eterna.

O Segredo

1. Maria Lúcia de Jesus e do Coração Imaculado, *Memórias da irmã Lúcia*, p. 45.

2. Ibidem, p. 213.

3. Ibidem, p. 219.

4. Ibidem, p. 231.

5. Ibidem, p. 208.

O papa do Segredo

1. Stanislaw Dziwisz, *Uma vida com Karol*, p. 136.

2. Ibidem, p. 140.

3. "Há 35 anos, o atentado contra João Paulo II", *Rádio Vaticana*. 13 de maio de 2016. Disponível em: <www.radiovaticana.va/proxy/portuguese/noticiario/2016_05_13.html>.

4. Stanislaw Dziwisz, op. cit., p. 141.

5. Salvatore Cernuzio, "Não me arrependo de ter atirado no Papa. Por trás do atentado havia um plano divino", *Zenit*, 27 de abril de 2014. Disponível em: <pt.zenit.org/articles/ali-agca-nao-me-arrependo-de--ter-atirado-no-papa-por-tras-do-atentado-havia-um-plano-divino/>.

6. Denis Russo, "O Papa e a História", *Superinteressante*, 31 de outubro de 2016. Disponível em: <super.abril.com.br/historia/o-papa-e-a-historia/>.

7. Ibidem.

8. Ibidem.

9. Stanislaw Dziwisz, op. cit., p. 139.

10. Maria Lúcia de Jesus e do Coração Imaculado, *Memórias da irmã Lúcia*, p. 177.

11. *Um caminho sob o olhar de Maria*, p. 198.

12. Os papas e a consagração da Rússia, *Revista Permanência*, nº 264, dezembro de 2011. Disponível em <permanencia.org.br/drupal/node/5224>. .

13. *L'Osservatore Romano*, edição portuguesa de 1º de abril de 1984, nº 14, pp. 1 e 4.

14. João 17:19.

15. Maria Lúcia de Jesus e do Coração Imaculado, op. cit., p. 202.

16. Aura Miguel, A bala e a coroa: *o mistério de Fátima no pontificado de João Paulo II*.

17. João Paulo II e Vittorio Messori, *Cruzando o limiar da esperança*, p. 132.

18. Aura Miguel, op. cit.

Fátima e suas curiosidades

1. "Muro de Berlim foi derrubado há 20 anos", Santuário de Fátima, 03 de outubro de 2009. Disponível em: www.fatima.pt/pt/news/muro-berlim-foi-derrubado-ha-20-anos>.

2. "Cuidar da imagem de Nossa Senhora de Fátima foi uma experiência única", *O Mirante*, 23 de outubro de 2013. Disponível em: <omirante.pt/entrevista/2013-10-23-cuidar-da-imagem-de-nossa-senhora-de-fatima-foi-uma-experiencia-unica-2>.

3. Título eclesiástico que desde o século xix era geralmente concedido ao bispo-auxiliar que desempenhava as funções de vigário-geral do patriarca de Lisboa. O título corresponde à Sé titular da antiga Arquidiocese Católica Romana de Mitilene, atualmente integrada à Igreja Ortodoxa Grega.

4. *Documentação Crítica de Fátima*, pp. 61-69 e 99-104.

5. *Documentação Crítica de Fátima*, III-2-Doc. 410.

6. Alfredo Barroso, "O milagre do 'Visconde de Montelo'". *Jornal I*, 12 de maio de 2017. Disponível em: <ionline.sapo.pt/562799?source=social>.

7. "Santuário de Fátima manifesta 'grande alegria e regozijo' pelo reconhecimento das 'virtudes heroicas do Cónego Formigão." Santuário de Fátima, 14 de abril de 2018. Disponível em: <fatima.pt/pt/news/santuario-de-fatima-manifesta-grande-alegria-e-regozijo-pelo-reconhecimento-das-virtudes-heroicas-do-conego-formigao>.

8. "Capelinha das Aparições alvo de vandalismo". *Renascença*, 11 de fevereiro de 2016. Disponível em: <rr.sapo.pt/noticia/46694/fatima-capelinha-das-aparicoes-alvo-de-vandalismo>.

9. "Marroquino planeou atentado em Fátima durante a visita do Papa". *O Sol*, 23 de julho de 2017. Disponível em: <sol.sapo.pt/artigo/573347/marroquino-planeou-atentado-em-fatima-durante-a-visita-do-papa>.

10. Maria Teresa Pereira da Cunha, *Nossa Senhora de Fátima — Peregrina do mundo*, p. 33.

11. Ibidem, p. 219.

A MENSAGEM DE FÁTIMA

1. Lucas 1:28

2. Lucas 1:42

3. Tradução livre de trecho de *The Rosary of Hiroshima*.

4. Maria Lúcia de Jesus e do Coração Imaculado, *Memórias da irmã Lúcia*, p. 175.

5. Ibidem, p. 192.

6. Ibidem, p. 192.

7. Ibidem, p. 193.

8. Jean-François Louvencourt, *Francisco e Jacinta de Fátima, duas estrelas na noite do mundo*, pp. 197 e 198.

9. Lucas 1:37.

10. João 19: 26-27.

11. Lucas 2:19.

12. Maria Lúcia de Jesus e do Coração Imaculado, op. cit., p. 170.

13. Ibidem, pp. 173-174.

OS PRIMEIROS EM TUDO

1. *Um caminho sob o olhar de Maria*, p. 80.

Bibliografia

Aido, Paulo. *João Paulo II: o peregrino de Fátima*. Fátima: Santuário de Fátima, 1983.

Applebaum, Anne. *Gulag — Uma história polêmica dos campos de prisioneiros soviéticos*. Rio de Janeiro: Ediouro, 2004.

Armas, Valentin. *Novos esplendores de Fátima*. Rio de Janeiro: Editora Ave Maria, 1944.

Arouca, Manuel. *Jacinta: A profecia*. Fátima: Oficina do Livro, 2016.

Bello, Pe. Antonio da Silva. *120 dias com Nossa Senhora de Fátima na peregrinação pelo Brasil*. Rio de Janeiro: Santa Maria, 1954.

Carta Pastoral — Fátima, sinal de esperança para o nosso tempo. Secretariado Geral da Conferência Episcopal Portuguesa, 2016.

Courtois, Stéphane et al. *O livro negro do comunismo*. Rio de Janeiro: Bertrand, 1997.

Cunha, Maria Tereza Pereira da. *Nossa Senhora de Fátima Peregrina do Mundo — Primeira jornada: início da peregrinação na Europa*. Lisboa: Livraria Sampedro, n/d.

Documentação crítica de Fátima — Seleção de Documentos (1917-1930). Fátima: Santuário de Fátima, 2013.

Dziwisz, Stanislaw. *Uma vida com Karol*. Rio de Janeiro: Objetiva, 2006.

FÁTIMA, Carmelo de. *Um Caminho sob o Olhar de Maria*. Coimbra: Edições Carmelo, 2013.

FÁTIMA, Reitoria do Santuário de. *O segredo de Fátima*. Fátima: Santuário de Nossa Senhora do Rosário de Fátima, 2004.

FUENTE, Eloy Bueno de la. *A Mensagem de Fátima — A misericórdia de Deus: o triunfo do amor nos dramas da história*. Fátima: Santuário de Fátima, 2014.

IMACULADO, Maria Lúcia de Jesus e do Coração. *Memórias da irmã Lúcia*. Fátima: Editora Secretariado dos Pastorinhos, 2010.

_____. *Como vejo a mensagem*. Coimbra: Editora Gráfica de Coimbra, 2015.

LOUVENCOURT, Jean-François de. *Francisco e Jacinta de Fátima — Duas estrelas na noite do mundo*. Coimbra: Editora Gráfica de Coimbra, 2010.

MARX, Karl. *Crítica da Filosofia do Direito de Hegel*, p. 145. São Paulo: Boitempo Editorial, 2013.

MIGUEL, Aura. *A bala e a coroa: o mistério de Fátima no pontificado de João Paulo II*. Coimbra: Imprensa da Universidade de Coimbra, 2003.

PAULO II, João e MESSORI, Vittorio. *Cruzando o limiar da esperança*. Lisboa: Editora Ômega, 1994.

SCHIFFER, Hubert F. *The Rosary of Hiroshima*. Fairfield: Sacred Heart University, 1953.

WOJTYLA, Karol (João Paulo II). *Estou nas mãos de Deus: Anotações pessoais, 1962-2003*. São Paulo: Planeta, 2014.

PÁGINAS DA INTERNET:

Blog Restos de Colecção, de José Leite. Disponível em: <www.restosdecoleccao.blogspot.com>.

Santuário de Fátima. Disponível em: <www.fatima.pt>.

Vaticano. Disponível em: <www.vatican.it>.

Agradecimentos

Ao Mauro Palermo, pela sensibilidade e coragem de embarcar nesta história.

À equipe da Editora Globo, especialmente à Amanda Orlando pela paciência e à Camila Hannoun pelo brilhante anúncio.

Aos nossos pais — Grécia e Camerotte, Maria José e Berthaldo —, que nos deram o dom da vida e souberam cultivar em nós a busca pela fé.

Ao nosso filho Raphael pela contribuição.

A Dom Edson de Castro Homem pela amizade e apoio.

A Dom Antônio Augusto Dias Duarte pelas palavras calmas e sábias.

Ao Frei Antônio, pela dedicação e constantes orações.

Aos queridos amigos Maria José e Ronaldo Goytacaz Cavalheiro, por proporcionarem um oásis no meio do deserto.

Aos amigos portugueses Antonio Valinho e Sônia Vazão pelas inúmeras consultas aos arquivos de Fátima.

Este livro foi composto na fonte Fairfield Std e impresso em
papel Ivory Slim 65g/m² na gráfica Coan.
Tubarão, maio e 2024.